Beltz Taschenbuch 621

W0087700

Über dieses Buch:

Umgangsformen, Aussehen und Auftreten prägen das Image. Erfahrungsgemäß haben im Geschäfts- und im Privatleben diejenigen die besseren Karten, die auf gesellschaftlichem Parkett souverän auftreten.

Die Autorinnen Lis Droste und Monika Hillemacher geben einen alltagstauglichen Überblick rund um moderne Umgangsformen. Abstecher ins Ausland inklusive. Praktische Tipps, Internetadressen und Checklisten runden das Angebot ab. Außerdem können Sie anhand von Quizfragen nach jedem Kapitel gleich Ihre Kompetenz in Sachen Stil und Etikette testen.

Lis Droste · Monika Hillemacher

Stil und Etikette in unserer Zeit

Aktuelle Umgangsformen, moderne Tischsitten, souveränes Auftreten

Jetzt auch mit internationalen Regeln

BELTZ
Taschenbuch

Hinweis

Die Beiträge in diesem Buch sind sorgfältig recherchiert und entsprechen dem aktuellen Stand (4/2008). Abweichungen, beispielsweise durch seit der Drucklegung geänderte Preise, Gebühren, www-Adressen etc. können aber nicht ausgeschlossen werden. Weder die Autorinnen noch der Verlag können für eventuelle Schäden, die aus den im Buch gegebenen praktischen Hinweisen resultieren, eine Haftung übernehmen.

Lektorat: Ingeborg Sachsenmeier

3., überarbeitete und erweiterte Auflage 2008
2., aktualisierte Auflage 2005
Das Buch erschien erstmals unter dem Titel »Im Trend: Stil und Etikette«

© 2003 Beltz Verlag · Weinheim und Basel
www.beltz.de
Herstellung: Klaus Kaltenberg
Satz: Druckhaus »Thomas Müntzer«, Bad Langensalza
Druck: Druck Partner Rübelmann, Hemsbach
Umschlaggestaltung: Federico Luci, Odenthal
Umschlagabbildung: © photonica/Waha
Fotos: Stefan Wildhirt, Offenbach
Printed in Germany

ISBN 978-3-407-22621-1

Inhaltsverzeichnis

Inhaltsverzeichnis

Vorwort

Die Zeit der jungen Wilden ist vorbei. Gute Umgangsformen sind wieder in. Sie helfen, Türen zu öffnen. Im Wettrennen um den Traumjob sind sie der vielleicht entscheidende Faktor, der Ihnen zum Erfolg verhilft. Die Rituale des guten Benehmens, wie sie noch zu Großmutters Tagen herrschten, sind kräftig entstaubt. Die moderne Etikette orientiert sich am Zeitgeist: Sie fordert und vermittelt Toleranz, Hilfsbereitschaft, Freundlichkeit, Rücksichtnahme gegenüber Menschen und Kulturen – mit dem Ziel, einen Rahmen für ein angenehmeres Miteinander zu setzen.

Diesem Gedanken folgt »Stil und Etikette in unserer Zeit«. Es bringt Sie in puncto Umgangsformen und Auftreten auf den neuesten Stand. Aussehen, Miteinander innerhalb und außerhalb des Büros sowie Kommunikation sind wichtige Stichworte. Und weil im Zeitalter der Globalisierung die Fettnäpfchen weltweit verteilt sein können, wird der internationale Aspekt ebenso behandelt. Denn: Ein Händedruck zum falschen Zeitpunkt, Nichtbeachtung des »Dress-Codes« oder Rauchen, wo es verboten ist, können einen Geschäftsabschluss schnell platzen lassen.

Exotisches aus Küchen und Kellern begegnet Ihnen auch in Restaurants hier zu Lande. Um alles stilvoll genießen zu können, sollten Sie mit internationalen Tischsitten, gastronomischen Fachausdrücken und Spezialbestecken vertraut sein.

Sicherheit in Sachen Umgangsformen vermittelt Ihnen die Souveränität, die Ihrem Auftritt den letzten Schliff gibt.

Viel Erfolg auf dem glatten Parkett der Etikette wünschen Ihnen

Lis Droste und Monika Hillemacher

Etikette im täglichen Leben

Eines Tages hatte Ludwig XIV. das kunterbunte Treiben seines Hofstaates satt. Der Sonnenkönig wollte endlich Ordnung schaffen. Er befahl, im Schloss und den Gärten von Versailles kleine Schilder aufzustellen. Jedes dieser Etiketten verzeichnete Gebote und Verbote, welche die Höflinge Seiner Majestät fortan zu beachten hatten. Seither steht das Wort »Etikette« für gute Manieren, »das feine Benehmen bei Hofe und in der Gesellschaft«.

Etikette ist heutzutage aber viel mehr. Sie umfasst ein Spektrum von gegenseitiger Hilfsbereitschaft über Rücksichtnahme, Achtung vor anderen Menschen und Kulturen, Toleranz bis hin zu Taktgefühl und Freundlichkeit. Höflichkeit gepaart mit Herzlichkeit erzeugt Sympathie. Steifes Einhalten der Rituale dagegen sorgt meist für Distanz. So oder so – die Umgangsformen zu kennen hilft, sie je nach Situation und Bedarf anzuwenden. Das Wissen um die Etikette vermittelt Sicherheit und Souveränität.

Knigge, Adolph Freiherr von: Über den Umgang mit Menschen. Frankfurt a.M. 2001.

Namen – Schall und Rauch?

Von wegen! Oder freuen Sie sich nicht, wenn Sie jemand zur Begrüßung mit Ihrem Namen anspricht? Umgekehrt fühlen Sie sich bestimmt sofort wohler, wenn Sie wissen, mit wem Sie sich unterhalten. Das Ansprechen mit Namen schafft also eine angenehme persönliche Kommunikationsebene.

Nehmen Sie Namen wichtig. Sprechen Sie sie deutlich aus, und fragen Sie nach, falls Sie einen Namen nicht sofort verstanden haben. Wenn Sie Ihren Gesprächspartner während der Unterhaltung hin und wieder namentlich ansprechen, signalisieren Sie ihm einerseits Aufmerksamkeit, andererseits behalten Sie den Namen besser. Falls das Gedächtnis Sie trotzdem einmal im Stich lässt, können Sie charmant lächelnd nachfragen:»Sagen Sie mir bitte noch einmal Ihren Namen?« oder»Entschuldigung, ich habe Ihren Namen nicht richtig verstanden«. Das klingt auf jeden Fall besser, als sich mit der Anrede»Gnädige Frau« aus der Affäre zu ziehen oder mit dem lächerlichen Satz»Wie war doch noch Ihr Name?« – es sei denn, Ihr Gesprächspartner hätte während der Unterhaltung seinen Namen geändert. Was sehr unwahrscheinlich ist.

 Tipp: Informieren Sie sich vor Auslandsreisen über das Namenssystem des Landes. Üben Sie die korrekte Aussprache der Namen von Geschäftspartnern.

Immer häufiger tragen Frauen und Männer einen Doppelnamen. Die meisten legen großen Wert darauf, so angesprochen zu werden. Respektieren Sie diesen Wunsch und lassen Sie keinen der Namen unter den Tisch fallen.

Namensschilder am Revers erleichtern das persönliche Ansprechen. Die Schilder können rechts oder links getragen werden, nicht jedoch auf der Krawatte. Auf dem Schild stehen Vor- und Zunamen. Wenn der Platz knapp ist, reichen die Initialen des Vornamens plus Nachnamen:»B. Wichtig« oder»Herr Wichtig«. Der Zuname allein wirkt unpersönlich. Achten Sie darauf, dass die Schrift noch aus einem Meter Entfernung gut lesbar ist. Handgeschriebene Schilder wirken improvisiert und sollten daher vermieden werden. Auf Firmenveranstaltungen oder Messen empfiehlt es sich, Namensschilder einheitlich auf einer Seite zu tragen.

Bei Tischschildern sollten die Namen inklusive Titel wie Dr. oder Professor groß und deutlich geschrieben sein.

Das Überreichen der Visitenkarte zu Beginn eines Gesprächs erleichtert das namentliche Ansprechen eines neuen Geschäftspartners oder Kunden.

Visitenkarten

Die Karten in Scheckkartenformat sind ein wichtiges Mittel für den Erstkontakt. Bei beruflichen Begegnungen werden sie in der Regel zu Beginn des Gespräches ausgetauscht. Als Gast überreichen Sie Ihre Karte zuerst. Sehen Sie den Gesprächspartner dabei an. Danach werfen Sie einen Blick auf dessen Karte. Sie gibt Aufschluss über Funktion und etwaige Titel. Außerdem können Sie sich einen Namen, den Sie einmal gelesen haben, besser merken und somit während der Unterhaltung den Menschen, den Sie gerade kennen gelernt haben, mit Namen ansprechen. Das schafft Sympathie und das Gefühl, respektiert zu werden.

Eine erhaltene Visitenkarte ungelesen wegzustecken ist unhöflich.

Treffen Sie eine Gruppe von Menschen, geben Sie Ihre Karte zuerst dem Leiter oder dem Ranghöchsten. Sortieren Sie die Visitenkarten entsprechend der Sitzordnung eines Meetings. Das hilft beim Einprägen von Gesichtern und Namen.

Werden Visitenkarten nach einer ersten privaten Begegnung ausgetauscht, ist das als Aufforderung zu weiteren Kontakten zu verstehen. Notieren Sie so bald wie möglich auf der Rückseite der Karte, wann und bei welcher Gelegenheit Sie jemanden getroffen haben. Solche Gedächtnisstützen sind bei späteren Kontakten nützlich.

Business-Card

Auf Geschäftskarten sind bestimmte Angaben notwendig. Dazu gehören

● Vor- und Zuname
● Titel
● Funktion
● Abteilung
● Firmenadresse einschließlich Telefon-, (Handy-) und Faxnummern
● E-Mail- sowie Web-Adresse.

Private Angaben sollten Sie nur in Absprache mit Ihrer Firma aufdrucken. Für Geschäftsleute mit internationalen Kontakten sind zweisprachige Karten Standard. Die am häufigsten verwendete Zweitsprache ist Englisch. Noch besser macht sich der Text in der Sprache des jeweiligen Gastlandes. Der fremdsprachige Text kommt auf die Rückseite. Diese Seite zeigt nach oben, wenn Sie Ihre Karte dem ausländischen Geschäftspartner überreichen.

Visitenkarten-Zeremoniell

In Asien ist der Austausch von Visitenkarten ein Ritual. Es ist ein Zeichen von Respekt, die Karte mit beiden Händen zu überreichen und entgegenzunehmen. Dazu fassen Sie Ihre Karte am besten an den oberen Ecken an. Sehen Sie sich die Karte Ihres Gegenübers – außer in Korea – genau an, bevor Sie sie einstecken. Anderes käme einer Beleidigung gleich. Auf erhaltene Karten zu schreiben, werten Asiaten als schlechtes Benehmen, ebenso eine Karte über den Tisch zu werfen. In islamischen Kulturen die Visitenkarte niemals mit der linken Hand überreichen, da sie als unrein gilt. (vgl. auch Etikette ohne Grenzen S. 119ff.)

Design

Die Gestaltung Ihrer Visitenkarte richtet sich nach den Vorgaben des Unternehmens und, wenn vorhanden, dem Corporate Design. Global agierende Firmen und Banken legen großen Wert darauf, dass Visitenkarten, Briefbögen, Kuverts und Umschläge weltweit gleich aussehen. Dies drückt Corporate Identity aus.

Denken Sie daran, Karten rechtzeitig nachdrucken zu lassen.

Private Karten können Sie nach Lust und Laune gestalten und über PC ausdrucken. Geschäftlich machen handgestrickte Karten einen unprofessionellen Eindruck. Das trifft auch auf handschriftlich korrigierte Karten zu.

Achten Sie auf makellos saubere Visitenkarten. Am besten werden sie in einem Metallkästchen oder Lederetui aufbewahrt. Entsorgen Sie Karten mit Eselsohren und Fettflecken sofort!

Kartenkartei

Eine sorgsam geführte Visitenkartenkartei ist Gold wert und durch keinen Computer zu ersetzen. Es gibt spezielle Karteikästen oder Mappen, in denen Sie Ihre Kartensammlung alphabetisch ordnen. Besuchen Sie ein anderes Unternehmen, ist es praktisch – vor allem wenn Sie einen komplizierten Namen haben –, zunächst der Empfangsdame oder dem Portier Ihre Visitenkarte zu geben. Sie bekommen sie in den meisten Fällen zurück und können sie dann der Sekretärin zur Anmeldung bei deren Vorgesetzten überlassen. Es ist dagegen unüblich, eine private Visitenkarte in einer Arztpraxis oder bei der Anmeldung in einem Krankenhaus abzugeben.

Tipp: Wenn Sie die Angewohnheit haben, persönliche Notizen auf die Rückseite Ihrer eigenen Karte zu schreiben, vergessen Sie nicht, die Vorderseite durchzustreichen. Sie könnten sie sonst versehentlich weiterreichen.

Titel, Anreden und Adressen

Mit falschen Anreden und Titeln machen Sie sich schnell unbeliebt, denn viele Menschen reagieren darauf verärgert. Die Anredevarianten sind so zahlreich, dass sie ganze Bücher füllen. Es folgen nun einige der wichtigsten Hinweise:

Die moderne Anrede lautet »Frau Meier« und »Herr Müller«. Mit »Fräulein«, der früher gebräuchlichen Anrede für jedes unverheiratete weibliche Wesen, sprechen Sie heute nur noch alte Damen auf deren ausdrücklichen Wunsch hin an. Anreden ohne den Zusatz »Herr« oder »Frau«, zum Beispiel »Schröder, hol mir mal 'ne Flasche Bier«, klingen entweder rüde, geringschätzig oder jovial – jedenfalls alles andere als höflich.

Träger von akademischen Titeln wie Professor und Doktor werden entsprechend angesprochen. »Herr Professor Kluge« oder »Frau Doktor Eisenbart«. Mediziner nur mit Herr oder Frau Doktor anzusprechen ist nicht korrekt. Nach dem Titel sollte der Name genannt werden.

Führt jemand mehrere Titel, zum Beispiel »Professor Dr. phil. Dr. rer. nat.« wird nur der erste Titel zusammen mit dem Namen genannt, nämlich »Herr Professor Schlau«. Titel werden nicht auf Ehepartner übertragen. Der Ehemann von Frau Professorin Klug heißt Herr Klug.

Träger akademischer Titel sprechen sich untereinander nicht mit Titel an.

Im Wirtschaftsleben sind mündliche Anreden wie »Herr Generaldirektor«, »Frau Direktor«, »Herr Vorstandsvorsitzender« Schnee von gestern. Stattdessen werden sie mit Namen und eventuell akademischem Grad angesprochen. Den Kardinal, früher Eminenz, und den Bischof, einst Exzellenz, sprechen Sie heute mit »Herr Kardinal« und »Herr Bischof« an; den Namen können Sie hinzufügen.

Tipp: Amts- und Berufsbezeichnungen werden bei Frauen in die weibliche Form gesetzt: Frau Oberbürgermeisterin, Frau Ministerin, Frau Anwältin, Frau Bischöfin, Frau Präsidentin.

Im privaten Umgang ist der Herr Regierungspräsident einfach Herr Müller, die Frau Oberbürgermeisterin Frau Roth.

Bei Adligen haben Sie die Wahl zwischen Frau von Metternich oder Fürstin Metternich, Herr Dr. von Lambsdorff oder Graf Lambsdorff, Baron Münchhausen oder Herr von Münchhausen. Sagen Sie nicht »Herr Graf« oder »Herr Baron«, diese Anredeform benutzt nur das Personal der adligen Herrschaften. Falls Sie unsicher sind, fragen Sie die Persönlichkeiten, wie sie angeredet werden möchten.

Finck von Finkenstein, Theodor Graf (verstorben),Redeker, Ricarda: Protokollarischer Ratgeber. Sicherheit bei persönlichen Anreden und Anschriften im öffentlichen Leben. Köln [4]2005.

Freiherr von Fircks, Alexander: Veranstaltungen perfekt organisieren. Ein Handbuch für offizielle und private Anlässe. Berlin 1999.

Schriftliches

Adresse und Anschrift vermitteln einen ersten wichtigen Eindruck von einem Adressaten. Deshalb müssen die Angaben korrekt, vollständig und gut lesbar sein. Die richtige Form ist in der DIN-Norm 5008 verankert. Einige Adressen-Beispiele:

● Herrn Dipl.-Ing.
Max Müller-Meier
Mitglied des Vorstands
Stahlrohr AG

● Stahlrohr AG
Herrn Dipl.-Ing.
Max Müller-Meier
Mitglied des Vorstands

Im ersten wie im zweiten Beispiel darf der Brief nicht nur vom Empfänger, sondern auch von einem anderen Firmenmitglied geöffnet werden. Sonst müsste der Vermerk: persönlich oder vertraulich auf dem Umschlag stehen (Gerichtsbeschluss vom LAG Hamm 2003). In manchen Unternehmen gibt es allerdings intern eine Regelung, dass nur der Adressat den Brief öffnen darf, wenn sein Name vor der Firmenbezeichnung steht.

Bei Paaren werden die Partner getrennt aufgeführt. Diese Form hat das einstmals gebräuchliche »Eheleute« abgelöst. International ist es üblich, den Namen des Mannes zuerst zu nennen. In Deutschland können Sie auch den Namen der Frau voranstellen.

Eine Familie wird folgendermaßen angeschrieben

● Frau Barbara Müller
Herrn Max Müller-Meier
Eva und Julian Müller

»Familie Müller« geht nur, wenn alle denselben Nachnamen haben.

● **www.deutschepost.de:** Hier gibt es Vorschläge für private und offizielle Schreiben, Ideen rund um den Brief, Formulierungshilfen.
● **www.sekretaria.de:** Nützliches zu Büroarbeit, Schriftverkehr (DIN 5008), Rechtschreibung, Geschäftsreise, Englisch-Kurs.
● **www.auswaertiges-amt.de:** Dort finden sich unter anderem Übersetzungen von amtlichen Bezeichnungen.
● **www.duden.de:** Über diese Website kommen sie zum Deutsch-Knigge.

Du oder Sie

Deutsche Sprache schwere Sprache – besonders wenn es um die Anrede »Du« oder »Sie« geht. Manchmal ist die Entscheidung schwierig, was wann bei wem angebracht ist.

Generell haben in Deutschland junge Leute mit 18 Jahren das Recht, gesiezt zu werden. Ob ihnen das immer gefällt, steht auf einem anderen Blatt. Einen angenehmen Ausweg eröffnet das Hamburger Sie – die Anrede »Sie« kombiniert mit dem Vornamen. Unsäglich ist dagegen die Anrede mit Nachnamen und Du: »Frau Müller, gib mir mal den Kleiderbügel.«

Privat bietet der wesentlich Ältere dem Jüngeren das Du an. Im Beruf überlegen Sie genau, ob Duzen angebracht ist. Gehört es zur Firmenkultur, bleibt Ihnen keine andere Chance als mitzumachen. Ansonsten entscheidet der *Ausländer und dienstbare Geister einfach zu duzen ist diskriminierend.* Ranghöhere – unabhängig von Alter und Geschlecht. Unter gleichaltrigen Kollegen kann derjenige mit der längeren Betriebszugehörigkeit das Du anbieten. Grundsätzlich kann ein Du nicht mehr zurückgenommen werden – auch nicht, wenn Sie die Kollegen auf der Karriereleiter überholt haben.

Es gibt Ausnahmesituationen, in denen es empfehlenswert ist, vorübergehend zum Sie zurückzukehren. Zum Beispiel in Gegenwart eines Kunden oder Vorgesetzten. Sprechen Sie dann während einer Präsentation von einem Kollegen, den Sie duzen, sagen Sie »Herr Meier hat gesagt ...«, nicht »Olli hat gesagt ...«.

Auf Betriebsfeiern sind einige schnell mit dem Du bei der Hand, das sie am nächsten Morgen genauso schnell wieder vergessen haben. Am besten vergessen Sie es ebenfalls und kehren sang- und klanglos zum Sie zurück. Vor allem, wenn es sich um einen Vorgesetzten handelt.

Ein angebotenes Du können Sie im Geschäftsleben mit einer entsprechenden Begründung freundlich ablehnen. Privat ist es schwieriger, eine geeignete Entschuldigung zu finden. Rechnen Sie in dem Fall damit, dass derjenige oder diejenige, dem Sie das Du abschlagen, Ihnen die Freundschaft aufkündigt.

In der englischen Sprache gibt es weniger Probleme mit Du und Sie, dort heißt es einfach you. Vorsicht ist dennoch angebracht: Meist gehen Amerikaner und Engländer zwar schnell zum Vornamen über, höhere Vorgesetzte und wichtige Persönlichkeiten werden zunächst jedoch mit Mrs (Ms) und Mr (s. Auslandsteil S. 119ff.) angesprochen. In Verbindung mit »Sir« und »Madam« ist you immer ein Sie.

Bitte nach Ihnen

Kleine Aufmerksamkeiten und höfliche Gesten erleichtern das Miteinander. Zu den höflichen Gesten gehören für den Herren: den Damen in den Mantel helfen, Türen aufhalten und Vortritt gewähren, beim Platznehmen behilflich sein, bei der Begrüßung aufstehen. Inzwischen werden solche Nettigkeiten von Frauen wieder geschätzt.

In den Mantel hilft der Herr der Dame. Sie quittiert diese Höflichkeit nicht mit einem patzigen »Das kann ich alleine«. Netter ist es, sich lächelnd zu bedanken. Selbstverständlich hilft eine Dame dem Herren, falls er mit seinem Mantel nicht allein zurechtkommt. Sie geht auch dem jungen *Höfliche Gesten sind wieder gefragt*
Mann mit dem Gipsbein beim Gepäck zur Hand. Grundsätzlich hilft der Stärkere dem Schwächeren. Das kann je nach Situation der Mann oder die Frau, der Ältere oder der Jüngere sein.

Tipp: Es ist nicht so wichtig, wer wem die Tür aufhält. Wichtig ist, dass Türen aufgehalten werden.

Jemandem den Vortritt zu lassen ist ein Zeichen von Respekt. Den Vortritt gewährt

- der Herr → der Dame
- der Jüngere → dem Älteren
- der Mitarbeiter/die Mitarbeiterin → dem/der Vorgesetzten.

Natürlich gibt es Ausnahmen. Dort, wo Sie sich besser auskennen als ein Besucher – in den eigenen vier Wänden oder am Arbeitsplatz –, übernehmen Sie die Führung. Gehen Sie nebeneinander, gehen Gäste rechts. Dort ist traditionell der Ehrenplatz seit den Zeiten, in denen Kavaliere ihre Damen mit dem Degen in der rechten Hand verteidigen mussten.

Am Aufzug hat die Dame Vortritt. Doch keine Regel ohne Ausnahme. Im Geschäftsleben geht es nach Hierarchie.

 Tipp: Grüßen Sie Ihre Mitfahrer im Aufzug. Dies erleichtert die Kommunikation, falls Sie gemeinsam im Aufzug stecken bleiben sollten.

Auf der Treppe geht hinauf die Dame vor, hinunter der Herr. In beiden Fällen sollte er sie auffangen können, falls sie ausrutscht. Ist die Treppe breit genug, gehen beide nebeneinander.

20

Ein schöner Rücken ...

kann auch entzücken. Aber nicht immer. Überall dort, wo Menschen in Stuhl- oder Bankreihen sitzen – sei es in Kinos, Theatern, Sälen oder Stadien –, sollten Sie den bereits Sitzenden das Gesicht zuwenden, wenn Sie sich durch die Reihen schlängeln. In Kirchen ist es anders. Dort wenden Sie das Gesicht immer dem Altar zu.

Mottenkiste

Gattinnen, Gemahlinnen und Fräuleins gehören in die Mottenkiste. Ebenso veraltet sind die »Gnädige Frau« und die »Herrschaften«, auch wenn Sie sich »gefreut haben, Sie kennen gelernt zu haben«. »Angenehm« und »Hocherfreut« sind nichtssagende Floskeln. Drücken Sie Ihre Freude mit eigenen Worten aus, zum Beispiel: »Schön, dass wir uns nach den vielen E-Mails endlich persönlich kennen lernen.«
Noch nie passend war »Mahlzeit«, der deutsche Lieblingsgruß zwischen Frühstück und Nachmittagskaffee. Der Begriff leitet sich ab von »Gesegnete Mahlzeit«. Dies wünschten sich Menschen in katholischen Gegenden zu Beginn des Essens MAHLZEiT, DiE HERRSCHAFTEN! statt »Guten Appetit«. Vor diesem Hintergrund ist es vollkommen unangebracht, auf Treppen, Fluren oder gar auf der Toilette ein fröhliches »Mahlzeit« zu schmettern. Grüßen Sie um die Mittagszeit mit »Hallo«, »Guten Tag«, einem freundlichen Kopfnicken verbunden mit einem Lächeln. Wenn Sie unbedingt mitteilen wollen, dass Ihre Mittagspause beginnt, sagen Sie es: »Ich gehe essen«, »Ich gehe in die Kantine«, »Ich mache jetzt Mittagspause«.
»Guten Appetit« wünscht man sich in der Familie und im Freundeskreis, nicht jedoch vor offiziellen Geschäftsessen. Dort klingt es zu familiär.
Jemandem beim Niesen »Gesundheit« zu wünschen ist ein Überbleibsel aus vergangenen Zeiten. Vor versammelter Mannschaft zu niesen ist dem Betroffenen meist peinlich. Peinlichkeiten werden am besten ignoriert.
Bereits am Donnerstag ein »Schönes Wochenende« zu wünschen zeugt nicht gerade von Arbeitswut.
Im Unterschied zu Deutschland denkt sich im englischen Sprachraum niemand etwas dabei, fremde Menschen mit »Honey«, »Dear«, »Love« oder ähnlichen Kosenamen anzusprechen. »You are welcome« ist die gängige Übersetzung von »Gern geschehen«.

Vorstellen und Bekanntmachen

Für das Vorstellen und Bekanntmachen gibt es traditionelle Rituale, die aber nicht mehr so förmlich gehandhabt werden wie früher. Heute darf sich zum Beispiel jeder selbst bekannt machen, was das Kontakteknüpfen enorm erleichtert. Sie haben die Auswahl zwischen den Formulierungen:

- Ich bin Nina Müller.
- Ich heiße Nina Müller.
- Mein Name ist Nina Müller.
- Nina Müller.
- Oder die James-Bond-Variante: Mein Name ist Müller. Nina Müller.

Einige halten die Formulierung »Ich bin ...« für die selbstbewussteste. Das ist Geschmackssache. Von der Etikette her sind alle Formen möglich.

Die Fragen »Darf ich mich vorstellen?« oder gar »Gestatten?« sind nicht up to date. Würde Ihr Gegenüber mit »Nein« antworten, sähen Sie ganz schön dumm aus. Die Antwortfloskeln »Sehr erfreut« und »Angenehm« sind altmodisch. Es reicht »Guten Tag, Frau Müller« oder »Guten Abend« zu sagen, danach gehen Sie direkt zum Small Talk über.

 Tipp: Nennen Sie Ihren Vor- und Nachnamen. Es ist persönlicher, einprägsamer und macht Sie unverwechselbar. Titel werden bei Selbstvorstellung nicht genannt. Stellen Sie sich nur mit dem Vornamen vor, müssen Sie damit rechnen, geduzt zu werden.

Machen Sie Dritte miteinander bekannt, geht das folgendermaßen:

- Herr → Dame
- Jung → Alt
- Einzelne → Gruppe
- Ankommende → Anwesende
- Inländer → Ausländer
- Kollegen → Kunden/Geschäftspartner.

Vor- und Nachname ergänzen Sie durch Titel. Also:»Das ist Frau Dr. Nina Müller.« Beim Bekanntmachen Ihres Lebenspartners oder der Partnerin haben Sie verschiedene Möglichkeiten. Entweder sagen Sie »Mein Mann, Olli Meier«,»Mein Freund, Olli Meier« oder »Meine Partnerin, Julia Groß« oder einfach »Julia Groß«.

Als »Lebensabschnittsgefährte/in« tituliert zu werden schmeichelt niemandem.

Im Unterschied zum lockeren Bekanntmachen ist das Vorstellen ein hochoffizieller Vorgang. Es geht streng nach Hierarchie und spielt nur im Geschäftsleben eine Rolle. Unabhängig von Alter und Geschlecht wird vorgestellt

- der Bewerber → der Personalchefin,
- der Azubi → dem Vorstand,
- die Sekretärin → dem Chef,
- der Sachbearbeiter → der Abteilungsleiterin.

Im Fernsehen wird der Studiogast den Zuschauern vorgestellt, der Redner dem Publikum.

Es bringt die Konversation in Schwung, wenn Sie dem Namen einige erklärende Sätze hinzufügen.

Beispiele:
»Frau Schulze, ich möchte Sie mit unserem neuen Nachbarn, Herrn Professor Lars Jung, bekannt machen. Er ist gerade aus München hierher gezogen. Herr Professor Jung, das ist Corinna Schulze. Sie hat in München studiert.«

23

»Herr Müller, ich stelle Ihnen unseren neuen Auszubildenden Oliver Klug vor. Herr Klug, das ist Peter Müller. Er wird Sie in den nächsten drei Wochen betreuen.«

Im englischen Sprachgebrauch sind Floskeln beim Bekanntmachen ein besonderer Ausdruck von Höflichkeit. »How do you do« lautet die gegenseitige formelle Frage beim ersten Kennenlernen. Beim zweiten Treffen wird gefragt »How are you?«, was üblicherweise mit der Gegenfrage »Thank you, fine and yourself?« beantwortet wird. Eine ehrliche Antwort wird nicht erwartet. »Pleased to meet you« und »Nice meeting you« sind ebenfalls beliebte Floskeln.

Begrüßen und Verabschieden

Die Begrüßungsrituale vom Blick in die Augen über Handschlag bis hin zum Kuss sind aus der Antike und dem Mittelalter überliefert. Wenn Menschen sich heute begegnen, grüßen sie sich mit einem kurzen verbalen Gruß. In unserem Kulturkreis gilt Blickkontakt als Zeichen von Höflichkeit und Respekt. Wegucken – häufig praktiziert – ist unhöflich und vermittelt einen unsicheren Eindruck.

Ein Lächeln, verbunden mit einem leichten Kopfnicken, kann bei der Begegnung auf dem Flur einen gesprochenen Gruß ersetzen. Das ist dann angebracht, wenn man sich x-mal über den Weg läuft. Im Kollegen- und Freundeskreis kommt auch »Hallo« oder »Hi« gut an. Weniger gut macht es sich bei Vorgesetzten und alten Menschen.

Tipp: In Japan ist es ein Zeichen von Respekt und Höflichkeit, einem Gesprächspartner bei der Begrüßung **nicht** in die Augen zu sehen. (s. S. 132ff.)

Beim Grüßen gibt es eine bestimmte Reihenfolge:

● Herren grüßen → Damen
● Jüngere → wesentlich Ältere
● Mitarbeiter → Vorgesetzte
● Ankommende → Anwesende
● Einzelne → Gruppen.

Wer ankommt, grüßt zuerst. Bitte diese Regel auch in Aufzügen, Zügen, Flugzeugen, Wartezimmern, Büros, Geschäften, Restaurants und Hotels beherzigen. Draußen grüßt derjenige zuerst, der den anderen zuerst sieht. Treffen Sie zwei Menschen, von denen Sie nur einen namentlich kennen, sagen Sie »Guten Tag« oder »Hallo«, ohne den Namen des Bekannten auszusprechen. Andernfalls wäre die zweite Person von Ihrem Gruß ausgeschlossen.

Tipp: Ein Vorgesetzter muss nicht abwarten, bis er gegrüßt wird. Ihm bricht kein Zacken aus der Krone, wenn er zuerst grüßt.

Handreichungen

Begrüßen ist mit Körperkontakt verbunden. In den meisten europäischen Ländern geben sich die Menschen die Hand. Das Handreichen soll eine grundsätzliche Gesprächsbereitschaft signalisieren und geht vom Ranghöheren aus. Im Business ist das der in der Hierarchie höher Stehende; im Privatleben traditionell die Frau oder die wesentlich ältere Person. Aber auch da ändern sich die Zeiten: Privat kann heute derjenige die Hand ausstrecken, der zuerst grüßt.

Berufliche wie private Ausnahme: Wer einen Gast empfängt, gibt ihm zum Willkommen als Erster die Hand. Zur Begrüßung kommen Sie hinter dem Schutzwall Schreibtisch hervor. Handschlag über Barrieren wie Tische und Stühle, Empfangstresen, Schreibtische oder die Köpfe anderer Leute hinweg ist unhöflich. Je weiter Sie dem Gast entgegengehen, desto klarer zeigen Sie ihm Ihre Wertschätzung.

Sind Sie zu einem Event geladen, begrüßen Sie zuerst die Gastgeber, danach die anderen Gäste in der Reihenfolge, in der Sie Ihnen begegnen. Vor Beginn von Seminaren oder Meetings begrüßen Sie den Leiter und stellen sich vor. Danach halten Sie Ausschau nach bekannten Gesichtern, gehen auf die Leute zu, begrüßen sie und machen sich mit den Teilnehmern bekannt. Sitzen alle schon am Tisch, begrüßen Sie nur kurz Ihre Nachbarn. An einer gemütlichen Kaffeetafel geben Sie nur den Gastgebern, dem Jubilar oder dem Geburtstagskind die Hand. Alle anderen werden mit einem freundlichen »Guten Tag« in die Runde bedacht.

Nicht auf den Tisch klopfen. Das passt zu Skatrunden oder Kegelabenden.

Im Beruf stehen Herren und Damen zum Handreichen immer auf. Achten Sie auf einen festen Händedruck, sonst fühlt sich Ihre Hand an wie ein glitschiger Fisch. Andererseits darf der Händedruck nicht so kräftig ausfallen, dass Ihr Gegenüber vor Schmerzen in die Knie geht.

Lassen Sie niemals eine dargebotene Hand in der Luft hängen. Greifen Sie nicht mit beiden Händen zu, das empfinden die meisten Menschen als plump vertraulich. Genauso sollten gleichzeitiges Umarmen und Schulterklopfen vermieden werden. Ausgiebiges Händeschütteln ist überflüssig. Außerdem ist es unhöflich, beim Handschlag die linke Hand in der Hosentasche zu lassen.

Verbeugungen

Bei Asiaten wie Chinesen und Japanern ist Handreichen zur Begrüßung unüblich. Stattdessen verbeugen sich die Menschen voreinander. Wenn sich Asiaten im Umgang mit europäischen Geschäftspartnern trotzdem zum Shakehands überwinden, fällt ihr Händedruck wachsweich aus.
In moslemisch geprägten Kulturen gilt die linke Hand als unrein, weil sie beim Toilettenbesuch zur Reinigung dient. Darum niemals mit der linken Hand essen oder Nahrungsmittel berühren. (s. S. 132ff.)

Bitte Abstand halten!

Achten Sie immer auf genügend körperliche Distanz. Jemandem zu nahe zu treten verursacht ein unbehagliches Gefühl. Dies beeinflusst Verhandlungen und Geschäftsabschlüsse unter Umständen negativ. Schlimmstenfalls verursacht es Aggressionen oder wird als sexuelle Belästigung ausgelegt. Als unangenehm empfinden es viele Menschen, wenn jemand zu dicht hinter ihrem Stuhl steht und sie fast

berührt. Das kann als »Anmache« verstanden werden! Die persönliche Distanz liegt zwischen einem halben und einem Meter. In diesem Bereich geben wir uns die Hand. Dieser Abstand sollte im geschäftlichen Umgang unbedingt eingehalten werden.

Jeder Fremde, der uns näher als etwa 50 Zentimeter kommt, dringt in die intime Distanzzone ein. Sie ist dem engen Freundes- und Familienkreis vorbehalten. Dahin gehören auch die Küsschen links und rechts, die Akkolade. Streng genommen handelt es sich um eine Umarmung, weil der Mund die Wangen nicht berührt. In Deutschland kommt jede Seite einmal an die Reihe, in Frankreich und anderen Ländern teilweise drei- bis viermal.

> **Tipp:** Der Handkuss wird nach wie vor praktiziert. Im entsprechenden Ambiente – auf Theaterpremieren, Bällen, »Haute-Couture«-Präsentationen und Ähnlichem. Er ist eher eine Verbeugung; die Lippen berühren die Damenhand nicht. Der Herr schaut der Dame in die Augen, nicht in den Ausschnitt.

Die gesellschaftliche Distanz beginnt bei etwa 1,50 Meter. In diesem Abstand finden Gespräche mit Geschäftspartnern oder zwischen Vorgesetzten und Mitarbeitern statt. Ein Schreibtisch zwischen den Gesprächspartnern unterstreicht Distanz und kann darüber hinaus zur Machtdemonstration benutzt werden. Alles, was über vier Meter hinausgeht, wird als öffentliche Distanzzone bezeichnet. Sie bildet den Raum für Reden, Versammlungen, große Präsentationen.

> **Tipp:** Wahren Sie Diskretion. Beachten Sie Distanz-Markierungen auf Böden und Barrieren vor Schaltern. Ein gutes Beispiel sind die Briten, für die Queueing selbstverständlich ist. Vordrängeln verboten! (s. S. 119ff.)

Verabschieden

Der letzte Eindruck ist genauso wichtig wie der erste. Auch richtiges Verabschieden will gelernt sein. So deutet ein mehr oder weniger dezenter Blick des Gastgebers auf die Uhr an, dass die Verabschiedung naht. Steht er am Ende eines  Gesprächs auf, zeigt er unmissverständlich: »Es ist Zeit, zu gehen.« Ignorieren Sie dieses Signal nicht, indem Sie sitzen bleiben und munter weiterreden. Der Gastgeber möchte sich jetzt ganz klar von Ihnen verabschieden. Als Gast warten Sie, bis er Ihnen die Hand reicht. Sie bedanken sich für das Gespräch und gehen. Formell verabschieden Sie sich mit »Auf Wiedersehen«. Kennen Sie sich näher, ist »Tschüss« oder »Tschau« in Ordnung. Locker dahingesagte Sprüche »Wir sehen uns irgendwann« oder »Lassen Sie uns mal telefonieren« deuten nicht auf baldiges Wiedersehen hin. Beide Sprüche sind unhöflich und wenig schmeichelhaft. Übersetzt heißen sie: »Hoffentlich begegnen wir uns nicht so bald wieder.«

Je weiter der Gastgeber einen Besucher begleitet oder ihn begleiten lässt – bis zu Tür, Aufzug, Treppe, Ausgang, Auto –, desto mehr Wertschätzung bringt er ihm entgegen. In der Gastgeberrolle sollten Sie solche Rituale natürlich kennen. Aus dieser Perspektive des Gastgebers bleibt für ganz hartnäckige Fälle nur ein Ausweg: Aufstehen, Tür öffnen, hinauskomplimentieren.

Blauer Dunst

Dass Rauchen der Gesundheit schadet, ist schon lange jedem bekannt. Seit 2008 gilt in Deutschland in allen öffentlichen Gebäuden Rauchverbot. In Hotels darf nur noch in einem eigenen Raucherzimmer oder einem ausgewiesenen Raucherraum dem Laster gefrönt werden. Zum Qualmen geht man vor die Tür, und ascht dort nicht auf den Boden oder in die Blumentöpfe. Kippen und Streichhölzer haben dort ebenfalls nichts zu suchen.

Tipp: Legen Sie sich am besten einen kleinen Taschenaschenbecher zu.

Zu nächtlicher Stunde ist beim Small Talk vor der Tür auf die Lautstärke zu achten. Es gehört sich nicht, während eines Essens im Restaurant zwischen den Gängen zum Rauchen zu verschwinden. Noch ungehöriger ist es, diese Regel zu ignorieren und einen einsamen Nichtraucher am Tisch zurückzulassen.

Während des Essens wird auch bei privaten Veranstaltungen nicht geraucht, denn es mindert den Genuss der Speisen. Die letzte Gelegenheit vor dem Essen besteht beim Aperitif, danach erst wieder zu Kaffee und Digestif. Bitte unbedingt erst dann zu den Rauchutensilien greifen, wenn alle den letzten Bissen verspeist haben.

Auf Flughäfen und Bahnhöfen gibt es nur noch sehr kleine eingeschränkte Raucherzonen.

In den eigenen vier Wänden dürfen Gastgeber sich das Rauchen verbitten. Alternativ können sie die Gäste zum Rauchen auf den Balkon, auf die Terrasse oder vor die Haustür schicken. Das kann jedoch zur Folge haben, dass diese Gäste nur ungern oder gar nicht mehr kommen. Kettenraucher sollten Entgegenkommen zeigen und sich einschränken.

Zum Neutralisieren von Rauch gibt es spezielle Rauchverzehrer und Kerzen. Falls diese nicht zur Hand sind, helfen Tellerchen mit Kaffeemehl auf Schränken und Regalen.

Aschenbecher sind, wie der Name schon sagt, für Asche, Kippen und Streichhölzer gedacht; keinesfalls für Kaugummi, Tempos, Obstreste etc. Zigarettenkippen bitte nicht auf die Straße werfen. Für diese Achtlosigkeit drohen in einigen Städten sogar Bußgelder. Wer dagegen verstößt, muss mit Sanktionen rechnen.

Zigarrenkiste

In den 50er-Jahren des vorigen Jahrhunderts symbolisierte die Zigarre den wiedererworbenen Wohlstand der Deutschen. Bundeskanzler Ludwig Erhard, der »Vater des Wirtschaftswunders«, war damals der berühmteste Zigarrenraucher der Nation. Nach seinem Abgang geriet die Zigarre ein wenig in Vergessenheit.

Seit einigen Jahren entwickelt sich in vielen Städten wieder eine Zigarrenliebhaber-Szene. Dazu gehören spezielle Clubs wie die Havanna Lounge, Vorträge, Seminare, Spezialgeschäfte für Zigarren und Accessoires sowie Smokers-Lounges in Hotels. Besucht werden diese Veranstaltungen von Damen und Herren. Gute Restaurants halten eine Auswahl an Zigarren für ihre Gäste bereit.

Zigarren gibt es in den unterschiedlichsten Preislagen. Die bekanntesten kommen aus Kuba. Viele Sorten stammen aus Mittel- und Südamerika, wo ursprünglich der Tabak beheimatet war.

Aufbewahrt werden Zigarren am besten an einem dunklen Ort mit gleich bleibender Temperatur und Luftfeuchtigkeit. Optimal sind 20 Grad Celsius und eine Feuchtigkeit von 65 bis 70 Prozent. Diese Bedingungen bietet ein Humidor. Eine hölzerne Zigarrenkiste eignet sich ebenfalls als Aufbewahrungsort.

Vor dem Anzünden nicht die Bauchbinde von der Zigarre ablösen, weil sie mit einem Tropfen Kleber befestigt ist und beim Entfernen das Deckblatt beschädigt werden könnte. Rollen Sie die Zigarre sanft zwischen den Fingern, bevor Sie sie anschneiden und möglichst mit einem langen Streichholz aus Zedernholz anzünden. Die Asche wird vorsichtig abgestreift, nicht abgeklopft.

Zigarrenrauchen erfordert Zeit und Muße. Ein guter Wein, Whisk(e)y oder Cognac runden den Genuss ab.

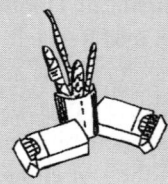

Lust, Last, Laster

Die Sache mit dem Alkohol ist vielseitig. Was dem einen Lust, ist dem andern Last oder gar Laster. Gegen einen guten Schluck ist zunächst nichts einzuwenden, solange sich die Menge in Grenzen hält. Die vermeintliche Pflicht, zu gesellschaftlichen oder geschäftlichen Gelegenheiten Alkohol konsumieren zu müssen, lässt sich umgehen: Es gibt alkoholfreies Bier sowie unter anderem alkoholfreien Sekt, Wein, Campari und jede Menge leckere Virgin-Cocktails, die Sie ohne Reue genießen können. Für Menschen, die Probleme mit Alkohol haben, sind weder solche Getränke noch mit Alkohol zubereitete Speisen geeignet. Ein guter Gastgeber denkt daran.

Bieten Sie immer reichlich Mineralwasser an. Mit Wasser kann auch angestoßen werden.

Wenn Sie nichts trinken möchten, können Sie selbstverständlich alkoholische Getränke ablehnen. Begründen müssen Sie das nicht. Es ist taktlos, zu fragen, warum jemand auf Alkohol verzichtet oder Anspielungen zu machen wie »Haben Sie ein Problem?«, »Sind Sie krank?« oder »Sind Sie auf Diät?«.

Es gibt Situationen, vor und in denen Sie sich klugerweise keinen Drink genehmigen: Bewerbungsgespräche, wichtige Verhandlungen, Autofahren, Einnahme von Medikamenten.

Wenn Sie auf Geschäftsreise ins Ausland gehen, erkundigen Sie sich vorher nach den Trinksitten des Gastlandes, damit Sie auf alles gefasst sind und nicht plötzlich unangenehme Überraschungen erleben. In Russland und Japan wird kräftig gebechert. In manchen US-Bundesstaaten sitzen Sie in Dry Counties auf dem Trocknen, weil der Genuss von Alkohol ganz oder teilweise verboten ist. In moslemisch geprägten Ländern wird aus religiösen Gründen kein Alkohol ausgeschenkt.

Zeitmanagement

Pünktlichkeit ist die Höflichkeit der Könige. Die Deutschen sind für ihre Pünktlichkeit und Zuverlässigkeit bekannt. Deshalb wird überall erwartet, dass Sie nicht zu spät zu Terminen kommen. Außerdem

Time is money

Zeit ist je nach Kultur ein ziemlich dehnbarer Begriff, was Indonesier mit dem schönen Wort »jam karet« – Gummizeit – umschreiben. Trotzdem fahren Sie im internationalen Geschäft mit Pünktlichkeit am besten. Extrem wichtig ist sie in den USA. Da den Deutschen der Ruf der Pünktlichkeit vorauseilt, wird sie in Japan erwartet und ist in China unerlässlich. Es macht einen guten Eindruck, etwas früher zu kommen, um mit dem chinesischen Gastgeber zu plaudern.
Spanier schätzen zwar rechtzeitiges Erscheinen im Job, aber privat rechnet der Gastgeber erst eine halbe Stunde nach der angegebenen Zeit mit Ihrem Auftauchen. In Italien und den Benelux-Ländern bitte möglichst pünktlich sein. Kleinere Verspätungen werden nicht übel genommen. (s. »Etikette ohne Grenzen«, S. 119ff.)

vertrauen Geschäftspartner und Kollegen darauf, dass Sie Zusagen einhalten und Aufträge termingerecht abwickeln. Das sollten Sie bei Ihren Planungen berücksichtigen und Pufferzeiten einbauen. Richtiges Zeitmanagement reduziert den Stress. Sie können es in speziellen Seminaren lernen.

Zu eigenen Präsentationen sollten Sie etwa eine Stunde vor Beginn da sein, um Räume und Technik zu checken.

Ideal ist es, zu wichtigen Terminen fünf bis zehn Minuten früher zu erscheinen. Sie können dann noch einmal tief Luft holen, die Gedanken sortieren und das Outfit überprüfen. Nutzen Sie die Zeit für sich. Gehen Sie eine Runde spazieren, warten Sie im Auto oder bei großen Unternehmen im Empfangsbereich. Sollten Sie unvorhergesehen in Zeitnot geraten, sagen Sie am Zielort rechtzeitig Bescheid.

Bei privaten Einladungen bitte nicht mehr als fünf Minuten zu früh vor der Tür stehen. Sonst könnten Sie die Hausfrau oder den Hausmann in Verlegenheit stürzen, wenn sie noch mit letzten Vorbereitungen beschäftigt sind. Auch bei einer Einladung ins Restaurant halten Sie sich an die angegebene Zeit. Der Gastgeber trifft vor seinen Gästen ein, um eventuell letzte Details mit dem Service zu besprechen.

 Hartmann, Martin u.a.: Immer diese Meetings! Weinheim und Basel 2002.

Zu Großveranstaltungen und Cocktailpartys dürfen Sie endlich mal 20 bis 30 Minuten später kommen. Manchmal steht auf Einladungen der Zusatz »c.t.« für cum tempore. Übersetzt heißt das, Sie können das akademische Viertel – 15 Minuten – einhalten. Sine tempore, abgekürzt »s.t.« bedeutet hingegen, Sie werden pünktlich auf die Minute erwartet.

Trinkgeld, Tip, Bakschisch

Trinkgeld, im englischen Tip, ist eine Anerkennung für gute Dienstleistungen. Ursprünglich bedeutete der englische Ausdruck Tip »to insure promptness«, also eine Dienstleistung im Voraus honorieren, um sie zu beschleunigen.

Als Reisender können Sie daran anknüpfen: Erfahrungsgemäß ist es bei längeren Hotelaufenthalten dienlich, Zimmermädchen und Restaurantpersonal frühzeitig einen kleinen Betrag zukommen zu lassen. Sie werden sich als Gast schnell besonderer Aufmerksamkeit erfreuen. Zur Abreise geben Sie noch einmal Trinkgeld als Dankeschön. Am besten überreichen Sie es mit ein paar netten Worten. Alternativ können Sie es gut sichtbar im Zimmer liegen lassen.

Andere Trinkgeldempfänger in Hotels und Gastronomie sind Wagenmeister, Pagen, Hoteldiener, bei speziellen Gefälligkeiten das Empfangspersonal und die Hausdame. Auch das Küchenteam, das oft vergessen wird, freut sich über ein Dankeschön in klingender Münze.

Auf Schiffsreisen ist Trinkgeld Pflicht. Planen Sie mindestens zehn bis fünfzehn Prozent des Reisepreises ein. Billiger ist es, in die Luft zugehen, weil Flugbegleiter kein Trinkgeld annehmen dürfen.

Wer und wie viel

Trinkgeld erhalten: Taxi- und Reisebusfahrer, Reiseleiter, Boten, Handwerker, Frisör, Kosmetikerin, Toilettenfrauen und Garderobieren. Ladeninhaber und Restaurantbesitzer bekommen keinen Tip.

Tipp: Ein Trinkgeld-Geldbeutel erspart Ihnen lästiges Kramen nach Münzen und dem Empfänger peinliches Warten.

Die Höhe des Trinkgelds zu taxieren erfordert Fingerspitzengefühl. Werfen Sie nicht mit protzigen Beträgen um sich, aber seien Sie auch nicht knauserig – von 29,80 Euro auf 30 Euro aufzurunden ist beleidigend. Grundsätzlich sind im Restaurant fünf bis zehn Prozent des Rechnungsbetrags üblich.

Ein»Stimmt so« beim Begleichen der Rechnung klingt herablassend, sagen Sie lieber»Danke« oder»Vielen Dank« und stecken Sie dann die Geldbörse ein. Sie können das Wechselgeld aber auch auf dem Tisch liegen lassen. Ein Sparschwein oder die Herausgabe des Wechselgeldes in kleinen Münzen weisen darauf hin, dass Trinkgeld willkommen ist.

In einigen orientalischen Ländern wird Trinkgeld,»Bakschisch«, für kleinste Handreichungen verlangt. Vor Auslandsreisen sollten Sie sich auf jeden Fall nach den Gepflogenheiten des Gastlandes erkundigen. Hinweise gibt es in Reiseführern, bei Fluggesellschaften, Konsulaten und Botschaften.

Auf Achse

Wenn einer eine Reise tut, dann kann er was erleben. Und damit Sie nicht Ihr blaues Wunder erleben, bereiten Sie Reisen gründlich vor.

Das Auswärtige Amt veröffentlicht regelmäßig Reisewarnungen.

Das bezieht sich nicht nur auf das Geschäftliche, sondern ebenso auf Sitten und Gebräuche im Gastland. Detaillierte Informationen bekommen Sie unter anderem bei Botschaften, Industrie- und Handelskammern, Auslandshandelskammern und dem Auswärtigen Amt. Außerdem gibt es in Reiseführern Hinweise auf die wichtigsten Umgangsformen.

www.auswaertiges-amt.de: Präsentiert unter anderem Reisewarnungen, Sicherheitshinweise, Gesundheitstipps.

www.diht.de: Website des Deutschen Industrie- und Handelskammertags. Links zu Außenhandelskammern.

www.ahk.de: Website der Außenhandelskammern.

Reisen Sie möglichst nie auf den letzten Drücker. Kalkulieren Sie immer reichlich Zeit ein und denken Sie bei Touren rund um die Welt an den Jetlag.

Über den Wolken

Im Flugzeug ist es meistens noch enger als in anderen Verkehrsmitteln. Daher ist gegenseitige Rücksichtnahme besonders notwendig. Richten Sie sich nach den Anweisungen des Bordpersonals, weil diese Ihrer Sicherheit dienen.

Bringen Sie nur das wirklich notwendige Handgepäck an Bord und blockieren Sie beim Einräumen nicht die Gänge. Häuslich einrichten können Sie sich später, wenn alle Passagiere ihre Plätze eingenommen haben.

Grüßen Sie die Sitznachbarn mit freundlichem Lächeln. Dann machen Sie es sich bequem, ohne sich allzu breit zu machen. Ein nettes Gespräch verkürzt den Flug. Aber respektieren Sie, wenn Ihr Nachbar lieber seine Ruhe

Bitte anschnallen: Beachten Sie zur eigenen Sicherheit immer das »Fasten-Seatbelt«-Zeichen!

haben möchte. Sind Sie nicht zum Plaudern aufgelegt, können Sie das sagen. Solche kleinen Gesten tragen zur angenehmen Atmosphäre bei, die Sie besonders auf Langstreckenflügen schätzen werden.

Kippen Sie nicht ohne Vorwarnung Ihren Sitz ruckartig nach hinten. Halten Sie die Flugbegleiter nicht mit Sonderwünschen auf Trab, und verzichten Sie auf einen Marsch durch die Gänge, wenn gerade serviert wird.

Decken Sie sich nicht für den Rest der Reise mit kostenlosen Zeitungen und Zeitschriften ein. Andere möchten auch lesen. Toiletten sind kein Aufenthaltsraum. Nach der Landung bleiben Sie am besten so lange wie möglich sitzen. Drängeln nützt nichts, denn Sie können erst aussteigen, wenn die Türen geöffnet sind. Verabschieden Sie sich von Ihren Nachbarn und bedanken Sie sich beim Aussteigen bei den Flugbegleitern.

> Unterhaltungen über mehrere Sitzreihen hinweg sind äußerst störend. Genauso wie zu laut eingestellte Kopfhörer, die Mitreisende zum Mithören der Musik zwingen. Dies gilt für alle öffentlichen Verkehrsmittel, denn dort haben die anderen auch keine Ausweichmöglichkeit.

Mit Rücksicht fahren in Bussen und Bahnen

Im Gedrängel von Bus und Bahn ist von Wohlfühldistanz keine Rede mehr. Würden alle die Regel »Erst aussteigen, dann einsteigen« beherzigen, wäre manche Rempelei schon beim Reiseantritt vermeidbar. Hilfsbereitschaft gegenüber alten, gebrechlichen Menschen, Eltern mit kleinen Kindern und Schwangeren sollte selbstverständlich sein. Der Vater mit Kinderwagen ist für Ihre Hilfe beim Einsteigen genauso dankbar wie das Kind mit Gehhilfen.

Sitzplätze sind oft Mangelware. Sie mit Tüten, Taschen und Kleidungsstücken zu belegen ist ziemlich rücksichtslos. Auch die Füße gehören – ob mit oder ohne Schuhe – nicht auf die Polster. Entsorgen Sie Ihren Müll, der auf der Reise anfällt, aber bitte nicht auf oder unter den Sitzen. Sowohl in Bahnen als auch auf Bahnsteigen und an Bushaltestellen gibt es dafür Müllbehälter. Kaugummi unter den Sitz zu kleben ist schlichtweg eine Flegelei.

Grüßen Sie beim Betreten und Verlassen von Eisenbahnabteilen Ihre Mitreisenden.

Gepäckstücke, Regenschirme und Rucksäcke können in drangvoller Enge zu bedrohlichen Waffen werden. Besondere Vorsicht ist auch bei Rucksäcken geboten. Nehmen Sie sie vom Rücken herunter. Denn wenn sie auf dem Rücken bleiben oder schwungvoll über die Schulter geworfen werden, können andere Fahrgäste verletzt werden.

Taxi

Der sicherste Platz im Auto ist bei Rechtsverkehr hinten rechts. Dort ist auch der beste Platz für den Fahrgast im Taxi. Wenn Sie sich nach hinten setzen, zeigen Sie dem Taxifahrer: »Unterhaltung nicht erwünscht.« Fahren mehrere Leute mit einem Taxi, setzt sich praktischerweise derjenige nach vorne, der bezahlt.

Bei den großen Londoner Taxis steigt der Fahrgast erst aus, bevor er das Fahrgeld durch das Fenster reicht.

Feste feiern, wie sie fallen

Gute Laune ist die Voraussetzung für gelungene Feste. Die gute Laune bringen die Gäste mit, der Gastgeber trägt mit gekonnter Organisation und leiblichen Genüssen zur guten Stimmung bei.

Housewarming Party

Sie haben Ihre Traumwohnung bezogen und möchten sie Ihren Freunden und Kollegen präsentieren. Eine Einweihungsfete ist angesagt. Zu diesem Fest können Sie spontan per Telefon, Fax oder per E-Mail einladen, weil der Umzug Sie schon genug auf Trab hält. In der Einladung können Sie die Gäste bitten, etwas zum Büfett beizusteuern. Sie selbst sorgen für die flüssige Nahrung. Vergessen Sie nicht, Ihren Nachbarn Bescheid zu sagen. Am besten laden Sie sie gleich mit ein. So lernen Sie sich kennen und beugen möglichem Ärger wegen Lärmbelästigung vor.

Geschirr, Besteck und Gläser können Sie zum Beispiel bei Freunden und Verwandten ausleihen. In vielen Orten gibt es Verleihagenturen für Partyzubehör; sie holen sogar das schmutzige Geschirr wieder ab. Damit ersparen Sie sich den Abwasch. Natürlich können Sie auch einen Partyservice mit der kompletten Organisation beauftragen. Von dort bekommen Sie alles aus einer Hand inklusive Servicepersonal, aber dann wird es natürlich teurer.

Tipp: Vor jedem Saisonschlussverkauf gibt es in vielen Kaufhäusern einen Schlussverkauf für Haushaltswaren. Da können Sie sich mit allem günstig eindecken, was das Herz begehrt.

Falls Sie gerne und oft Feste in den eigenen vier Wänden feiern, lohnt der Kauf von neutralem weißem Geschirr, einfachen Gläsern und Besteck. Es ist schöner, umweltschonender als Plastikbesteck und Pappteller und auf lange Sicht die preiswerteste Lösung. Mit abwechselnden Dekorationen und farblichen Akzenten, die Sie mit Servietten, Tischtüchern, Kerzen und Blumen setzen, erhält jede Feier trotzdem eine ganz individuelle Note.

Das Gästebuch

Wünschen Sie sich zur Einweihungsfete ein Gästebuch. Hier kann sich, wer Lust und Laune hat, verewigen. Lustige Reime, witzige Zeichnungen und Bilder bieten bei jeder Einladung wieder Gesprächsstoff und sind eine schöne Erinnerung.

Das Partybuch

... ist eine Gedächtnisstütze. Es verhindert, dass Sie denselben Leuten drei Jahre hintereinander das gleiche Lieblingsgericht im selben Outfit servieren. Zu jedem Fest notieren Sie:

● Anlass/Motto
● Datum und Uhrzeit
● Einladungsmuster
● Gästeliste mit Zu- und Absagen
● Menü/Büfett
● Rezepte
● Getränke
● Geschirr, Dekoration
● Ihr Outfit

Schreiben Sie alle Adressen und Telefonnummern auf, die für Ihre häuslichen Feste nützlich sind. Vom Partyservice über den Geschirrverleih bis hin zum Alleinunterhalter, Babysitter-Service und anderen guten Geistern. Auch Tipps aus dem Bekanntenkreis oder Anregungen, die Sie sich auf fremden Festen, im Fernsehen, Internet oder aus Zeitschriften holen, schreiben Sie auf.
Statt eines Partybuchs können Sie auch eine Computer-Datei anlegen.

Einstand und Ausstand

Die erste Gelegenheit, im beruflichen Umfeld Ihr Talent als Gastgeber zu beweisen, bietet der Einstand in der neuen Firma. Seien Sie nicht zu voreilig: Der rechte Zeitpunkt für die Einstandsparty ist erst nach erfolgreich bestandener Probezeit gekommen.

Auf der Gästeliste stehen die Kollegen, mit denen Sie fast täglich zu tun haben. Vergessen Sie Chefin oder Chef nicht. Mit ihnen stimmen Sie den Partytermin ab und laden sie bei der Gelegenheit als Erste ein. Die anderen benachrichtigen Sie mündlich oder per E-Mail. In vielen Firmen sind allerdings Feiern während der Geschäftszeit nicht gern gesehen. Deshalb bieten sich die Pausen oder der späte Nachmittag an. Die Pausen sollten nicht allzu sehr verlängert werden!

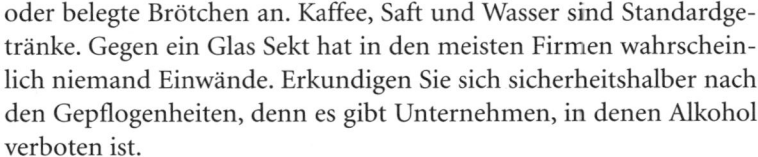

Bieten Sie – je nach Tageszeit, Geschmack und Budget – kleine Knabbereien, Canapés, Kuchen oder belegte Brötchen an. Kaffee, Saft und Wasser sind Standardgetränke. Gegen ein Glas Sekt hat in den meisten Firmen wahrscheinlich niemand Einwände. Erkundigen Sie sich sicherheitshalber nach den Gepflogenheiten, denn es gibt Unternehmen, in denen Alkohol verboten ist.

Wenn Sie das Unternehmen wechseln, geben Sie Ihren Ausstand. Bei dieser Feier ist der Kreis der Eingeladenen weiter gefasst: Neben Ihren unmittelbaren Kollegen können Sie Mitarbeiter anderer Abteilungen einladen, mit denen Sie zusammengearbeitet haben.

Die formelle Einladung

Wenn Sie Vorgesetzte oder Geschäftspartner offiziell nach Hause einladen wollen, sollten Sie das drei bis vier Wochen vor dem Termin schriftlich tun. Sobald die Terminfrage geklärt ist, überprüfen Sie alles, was für den Abend benötigt wird. Vielleicht ist die Tischwäsche nach längerer Schranklagerung nicht mehr taufrisch und müsste noch einmal gewaschen, gestärkt und gebügelt werden. Sehen Sie nach, ob Gläser und Geschirr vollzählig sind. Ergänzen Sie den Bestand, falls nötig. Denken Sie sich eine schöne Tischdekoration aus. Besorgen Sie das notwendige Zubehör inklusive Kerzen.

Die erste formelle Einladung nach Hause können Sie natürlich auch nutzen und sich ein schönes, hochwertiges Service anschaffen, das Sie immer wieder ergänzen können.

Ideen dazu finden Sie auch im Internet, beispielsweise unter **www.rosenthal.de**.

Bereiten Sie am Vorabend der Einladung möglichst viel vor, einschließlich den Tisch zu decken. So merken Sie rechtzeitig, ob noch etwas fehlt. Außerdem geraten Sie am nächsten Tag nicht in Hektik. Falls Sie selbst kochen, wählen Sie ein fantasievolles, aber unkompliziertes Menü, das sich gut vorbereiten lässt. Mit drei Gängen plus Amuse-Gueule behalten Sie den Überblick.

Bitten Sie jemanden aus dem Freundeskreis, beim Servieren zu helfen, dann können Sie sich Ihren Gästen widmen. Wollen Sie dem ganzen Stress aus dem Weg gehen, engagieren Sie einen Partyservice.

Tipp: Kalkulieren Sie am Tag der Einladung eine Verschnaufpause ein, sonst sind Sie schon vor dem Eintreffen der Gäste fix und fertig. Werfen Sie noch einmal einen kritischen Blick in den Spiegel.

Wollen Sie die Einladung nach dem Essen ausklingen lassen, bieten Sie Kaffee an. Dies ist für höfliche Gäste das Signal für den baldigen Aufbruch.

Wenn Sie Kinder haben, ist es ratsam, sie bei Freunden übernachten zu lassen oder einen Babysitter zu engagieren, der die Sprösslinge abseits vom Geschehen beaufsichtigt.

So formvollendet muss die Chef-Einladung nicht immer ausfallen. Haben Sie ein ungezwungeneres Verhältnis zu Vorgesetzten oder Geschäftsfreunden, freuen diese sich über eine spontane, kurzfristige Einladung nach Hause. Bevor Sie sie aussprechen, sollten Sie sichergehen, dass der heimische Kühlschrank gut gefüllt ist.

Mit Vorsicht zu genießen

Betriebsfeste und Weihnachtsfeiern sind berühmt-berüchtigt. »Der Wahn ist kurz, die Reue lang.« Dieser Spruch beschreibt, was auf solchen Feiern häufig passiert – die ungewohnt lockere Atmosphäre und ein zu tiefer Blick ins Glas haben schon manch einen seine Hemmungen über Bord werfen lassen.

In diesen Situationen zählt ein vorschnelles Du-Angebot zu den harmloseren Offerten. Zweideutigen Witzen und eindeutigen Angeboten – beides kann von Männern und Frauen kommen – sollten Sie sich schnellstens entziehen. Bewahren Sie klaren Kopf und somit den Überblick.

Miteinander – Füreinander

Anbandeln

Bekanntlich lernen viele Frauen und Männer den Traumpartner am Arbeitsplatz kennen. Wenn der Blitz eingeschlagen hat, muss es aber nicht sofort jeder mitbekommen – denn wer weiß, wie lange es dauert. Finden Sie jemanden besonders nett, verlegen Sie erste Rendezvous in sichere Entfernung zu Ihrer Firma. Im Büro sparen Sie sich Händchenhalten, Küsschengeben, Schmusen und verliebte Blicke. Heben Sie sich das für den Feierabend auf. Die Gefahr ist groß, dass Sie sonst zum Gespött der lieben Kollegen werden. Tändeleien empfinden Dritte oft peinlich. Außerdem werden einem schnell Unkonzentriertheit, Unzuverlässigkeit und Fehler bei der Arbeit unterstellt.

Verzichten Sie auf heftige Flirts am Telefon. Wenn Sie sich per E-Mail anhimmeln, denken Sie daran: Mails können falsch zugestellt werden. Und schon sind Sie Objekt von Klatsch und Tratsch.

Tipp: Möchten Sie mit jemandem anbandeln, gehen Sie vorsichtig zu Werke, sonst könnten Sie sich eine Abfuhr einhandeln. Nicht jedes freundliche Lächeln ist als Aufforderung zu weiteren Schritten zu verstehen. Ist der oder die Auserkorene Ihnen nicht gewogen, lassen Sie sich nicht aus gekränkter Eitelkeit zu übler Nachrede hinreißen.

Lob, Kritik, Komplimente

Nette Worte hört jeder gern. Komplimente verschönern den Alltag und verbessern das Arbeitsklima. Seien Sie ehrlich, damit Ihr Kompliment nicht als bloßes Gerede empfunden wird. Macht Ihnen jemand ein Kompliment, freuen und bedanken Sie sich. Werten Sie es nicht ab nach dem Motto:»Ach ja, den schönen Anzug hat mein Bruder schon getragen.«

Lob kann jeder vertragen, selbst in höheren Dosen. Loben Sie, wenn Sie etwas gut finden, wenn Sie mit einer Arbeit besonders zufrieden sind. Ein ehrlich gemeintes Lob motiviert. Sie sollten sich allerdings vor überschwänglichen Schmeicheleien hüten. Sonst kommen Sie schnell in den Ruf eines Schleimers und werden nicht mehr ernst genommen.

Ein Gewitter reinigt manchmal die Luft. So verhält es sich auch mit der Kritik. Sie sollte offen ausgesprochen werden, damit sich kein Ärger aufstaut. Heikle Themen vor Publikum zu erörtern ist unfair und peinlich für alle Beteiligten. Warten Sie einen geeigneten Augenblick ab, um mit dem Betreffenden diskret unter vier Augen zu sprechen. Danach ist die Sache abgehakt. Sie wird nicht weiter erörtert; der Inhalt des Gesprächs bleibt vertraulich.

Kritik anzunehmen ist schwer. Hören Sie sich zunächst ruhig an, was Ihr Gegenüber zu sagen hat, auch wenn es noch so schwer fällt und zunächst unberechtigt erscheint. Denken Sie erst einmal darüber nach, bevor Sie gleich in die Luft gehen. Ist die Kritik berechtigt, beweisen Sie Größe, indem Sie sich bedanken. Gegen unberechtigt empfundene Kritik können Sie sich wehren. Bewahren Sie jedoch Haltung.

Jede Art von direkter Kritik ist besser, als hinterrücks über jemanden herzuziehen.

Dichtung und Wahrheit

Unternehmen sind oft Gerüchteküche und Nachrichtenbörse in einem. Wahrheiten, Halbwahrheiten und Unwahres werden gerne verbreitet. Sie fahren gut, wenn Sie sich bei Klatsch und Tratsch zurückhalten. Sie könnten von Klatsch-Opfern zur Rede gestellt werden, was Ihnen wahrscheinlich höchst unangenehm sein dürfte. Wird über Sie getratscht – was Sie nicht verhindern können –, gehen Sie der Sache auf den Grund und führen Sie ein klärendes Gespräch.

Geschenke

Kleine Geschenke erhalten die Freundschaft – weltweit. Sie bereiten Freude, wecken Sympathie, sind Entschuldigung, Dankeschön, Liebesbeweis. Die Auswahl will wohl bedacht und gut vorbereitet sein. Zu kleine, zu große, zu protzige, billig aussehende, schlecht verpackte, lieblos ausgewählte Präsente oder einfache Werbegeschenke werfen ein schlechtes Licht auf den Schenkenden.

Eine Geschenkkartei mit Notizen über Vorlieben, Hobbys sowie dem Vermerk, wer was wann bereits erhalten hat, hilft, Fettnäpfchen zu umgehen. Bei Jubiläen, Geburtstagen, Hochzeiten und ähnlichen Festivitäten erkundigen Sie sich im Umfeld nach den Wünschen des zu Beschenkenden. Ihn selbst zu fragen wäre eine Notlösung, weil der Überraschungseffekt wegfallen würde. Im Kollegenkreis wird häufig für ein gemeinsames Geschenk gesammelt.

Gute Dienste tut eine Geschenkkiste, in der Sie Präsente sammeln. Nutzen Sie Einkaufsbummel im Urlaub oder günstige Gelegenheiten, um die Kiste mit originellen Dingen zu bestücken. Nicht hinein gehören Geschenke, die Sie selbst bekommen haben und wegen Nichtgefallens wieder loswerden wollen. Sie könnten als Bumerang zurückkommen.

Schöne Verpackungen werten Präsente zusätzlich auf. Wenn Sie kein Packtalent haben, lassen Sie im Laden einpacken. Einpackservices verwirklichen ausgefallene Ideen, die selbst Geldgeschenke originell erscheinen lassen. Spezielle Versandfirmen und Kaufhäuser liefern Ihre Präsente aus, wenn Sie keine Zeit haben, das Ereignis verschwitzt haben oder weit weg leben.

Bekommen Sie ein Geschenk, packen Sie es sofort aus. Zeigen Sie Ihre Freude, bedanken Sie sich – selbst bei Nichtgefallen. In dem Fall ist Contenance angesagt. Kommen mehrere Gäste gleichzeitig, öffnen Sie die Präsente erst, wenn alle Gäste da sind. Bei großen Veranstaltungen sollte Ihnen jemand zur Seite stehen, der die Geschenke auf einen separaten Tisch legt und mit Namen versieht. Das hilft Ihnen später, persönlich, schriftlich oder telefonisch für das richtige Geschenk bei den richtigen Leuten danke zu sagen.

Gastgeschenke

Bei Geschenken für ausländische Geschäftspartner fahren Sie gut mit Präsenten made in Germany. Beachten Sie bei der Auswahl die kulturellen Besonderheiten des Gastlandes: Schenken Sie einem Moslem keine Alkoholika. Japanern und Chinesen nichts weiß verpacktes, Weiß ist die Trauerfarbe. Rot steht dagegen für Erfolg und Stärke. Inder sollten nichts aus Rindsleder erhalten, weil die Kuh als heiliges Tier verehrt wird. In Japan werden Geschenke mit beiden Händen überreicht und angenommen. (s. auch »Etikette ohne Grenzen«, S. 119ff.)

 Mitchell, Charles: Interkulturelle Kompetenz im Auslandsgeschäft entwickeln und einsetzen. Köln 2000.

Suchen Sie für Ihre Geschäftspartner ein auf die Rangfolge und die Person abgestimmtes und individuelles Geschenk aus. Achtung: Es muss unbedingt verpackt sein! Aber: Hüten Sie sich vor allzu kostspieligen Präsenten, um den Ruch von Bestechung und Korruption zu vermeiden.

 www.transparency.de: Transparency International informiert über Bekämpfung von Korruption und Bestechung.

Sag es durch die Blume

Blumen sind ein beliebtes Mitbringsel zu den verschiedensten Anlässen. Geben Sie sich Mühe bei der Auswahl der Blütenträume. Es gilt, die Blumensprache zu beachten: rote Rosen – heiße Liebe; Veilchen – heimliche Liebe, Sittsamkeit und Bescheidenheit; Heckenrose – Eifersucht; weiße Lilien – Unschuld; weiße Chrysanthemen und Nelken – Tod und Trauer; Vergissmeinnicht und Männertreu – selbsterklärend genau wie der stachelige Kaktus. Am unverfänglichsten für Männer und Frauen sind bunte Sträuße, nach Jahreszeit und Anlass ausgewählt. Beim Überreichen des Straußes müssen die Blüten sichtbar sein und nach oben zeigen. Befreien Sie die Blumen vorher aus dem Papier, das Sie in die Tasche stecken oder im Auto lassen. Alternativ fragen Sie die Gastgeberin nach dem Papierkorb. Als Gast können Sie die Blumen am Tag der Einladung vorab schicken oder einen Tag danach, zusammen mit einem Dankeschön. Aus praktischen Gründen nehmen Sie zu einer Feier im Restaurant besser keine Blumen mit.
Unbedingt beachten: Topfpflanzen sollten Sie nur auf besonderen Wunsch verschenken. In Krankenhäusern sind sie außerdem verboten.

Small Talk – Hohe Kunst des kleinen Gesprächs

Nutzen Sie die kleine Unterhaltung – Small Talk oder Light Talk – zum Einstieg in vertiefende Gespräche. Nicht jeder hat wie die Briten die Gabe, ein solches Gespräch in Gang zu bringen und zu führen. Doch das lässt sich trainieren. Gelegenheiten gibt es genug.

Sie können bei der morgendlichen Fahrt mit Bus und Bahn oder auf dem Parkplatz beginnen. Ein fröhliches »Guten Morgen, wie schön, dass die Sonne endlich wieder scheint« zu dem netten jungen Mann, dem Sie seit Wochen täglich begegnen, ebnet den Weg für weitere Gespräche. Vielleicht können Sie den Small Talk schon mittags in der Kantine fortsetzen.

Anknüpfungspunkte für Small Talk sind gemeinsame Bekannte, Kunst und Kultur, Städte und Urlaubsreisen, Essen und Trinken, Sport, Hobbys, Szenekneipen, Geschäfte für gutes und günstiges Shopping, Kinder und Haustiere. Auch das Thema Wetter bricht das Eis. Kurz: Es gibt viel Gesprächsstoff für einen angenehmen Abend.

Bonneau, Elisabeth: Erfolgsfaktor Small Talk. München 2005.

Auf der Suche nach einem Gesprächspartner sehen Sie sich erst einmal um. Vielleicht entdecken Sie in der Runde ein bekanntes Gesicht. Sollte Ihr Gegenüber Sie nicht einordnen können, begrüßen Sie ihn/sie und bringen sich wieder in Erinnerung. Stellen Sie sich noch einmal mit Vor- und Zunamen vor und erwähnen Sie, in welchem Zusammenhang Sie sich begegnet sind. Kennen Sie niemanden, gesellen Sie sich zu anderen. Der beste Einstieg in die Unterhaltung ist die Selbstvorstellung mit Vor- und Zunamen. In laufende Gespräche klinken Sie sich ein, indem Sie zuhören und zunächst freundliche Bemerkungen einstreuen.

Gehören Sie zu den schüchternen Menschen, suchen Sie sich jemanden, der offensichtlich auch allein ist und sich ebenfalls nicht so recht traut, andere anzusprechen. Stellen Sie sich vor und sagen Sie zum Beispiel, woher Sie die Gastgeber kennen. Vielleicht entdecken Sie, dass Sie gemeinsame Freunde haben – und schon haben Sie sich etwas zu sagen. Über das reichhaltige Büfett kommen Sie schnell auf Ihre Kochleidenschaft, über stimmungsvolle Musik auf Ihre Vorliebe für bestimmte Konzerte zu sprechen. Sie werden schnell merken, ob Sie mit Ihrem Thema auf Gegenliebe stoßen, und wenn ja, dann läuft schnell eine angeregte Unterhaltung.

Betonen Sie Ähnlichkeiten und Gemeinsamkeiten und verteilen Sie Komplimente. Wenn Sie gute Laune ausstrahlen, gesellt sich jeder gerne zu Ihnen.

 Tipp: Stellen Sie sich nicht mit verschränkten Armen in eine Ecke. Signalisieren Sie durch Mimik und Körpersprache, dass Sie an einer Unterhaltung interessiert sind.

Ein leichter Akzent klingt charmant. Dialekt sollten Sie möglichst nur mit demjenigen sprechen, der ihn versteht. Fremden gegenüber ist Hochdeutsch die bessere Wahl.

Tabuthemen

Krankheit und Tod, Politik und Religion, Kritik an anderen. Vermeiden Sie Themen, die kränken oder bloßstellen. Versuchen Sie nicht, die Welt zu verbessern, das gelingt Ihnen sowieso nicht. Und verzichten Sie auf gute Ratschläge. Denn Ratschläge sind auch Schläge. Spielen Sie nicht den Alleinunterhalter: Lassen Sie auch die anderen zu Wort kommen. Sobald Sie merken, dass Sie ein Thema angeschnitten haben, das Ihren Gesprächspartner langweilt oder mit dem er nichts anzufangen weiß, wechseln Sie es. Lästern Sie nicht über Abwesende, erzählen Sie keine Indiskretionen, und schweigen Sie taktvoll, wenn andere sich dazu hinreißen lassen. Die Welt ist klein!

Ein Wörtchen zum stillen Örtchen

Toiletten gelten als Visitenkarten eines Hauses. Sie müssen immer in untadeligem Zustand sein. Leider ließe sich die Liste von Hinweisen auf Firmentoiletten wie »Bitte die Klobürste benutzen«, »Haare aus dem Waschbecken entfernen«, »Deckel schließen« beliebig fortsetzen. Solche Aufforderungen müssten überflüssig sein! Das funktioniert jedoch nur, wenn jeder die Waschräume so verlässt, wie er sie gerne vorfinden möchte.

Wenn es weder Fenster noch Duftspray gibt, wirkt ein brennendes Streichholz Wunder gegen Gerüche.

Es ist völlig normal, diskret und leise nach der Toilette zu fragen. Wer sich scheut, erkundigt sich dezent: »Wo kann ich mir die Hände waschen?« Für den Gang zum WC müssen Sie sich nicht entschuldigen. Es reicht, wenn Sie sagen: »Ich bin gleich wieder da.« Ungewöhnlicher klingt: »Ich geh in den Spiegel schauen.«

Pleiten, Pech und Pannen

An manchen Tagen lauern die Fettnäpfchen überall. Im Supermarkt stehen Dosenpyramiden im Weg, der Kollegin schütten Sie versehentlich den Kaffee in den Nacken. Passiert Ihnen so ein Missgeschick, hilft kein langes Lamentieren mehr oder wie der Engländer sagt: »Don't rub it in.« Sonst verschlimmern Sie die Situation unnötig. Am ehesten ist ein Fauxpas mit einer freundlichen Entschuldigung wieder gutzumachen. Zusätzlich bieten Sie Hilfe an: Beim Aufräumen im Supermarkt packen Sie mit zu, der Kollegin bezahlen Sie die Reinigung.

Sind Sie das Opfer eines Malheurs, wahren Sie Contenance. Akzeptieren Sie eine Entschuldigung und drohen Sie nicht gleich mit dem Anwalt.

Lügen haben kurze Beine! Bei kleinen Notlügen, auch Ausreden genannt, sollten Sie sicher sein, dass sie Hand und Fuß haben und Ihr Gedächtnis Sie nicht im Stich lässt.

Dos and Don'ts

Dos:

- Vor dem Rauchen um Erlaubnis bitten, auch wenn auf dem Tisch Aschenbecher vorhanden sind.
- Gesprächspartner mit Namen ansprechen und ansehen.
- Damen in den Mantel helfen.
- Geschenke liebevoll verpacken und individuell aussuchen.
- Briefe stilvoll mit Füllfederhalter unterschreiben.
- Beim Rauchen vor der Tür zu nächtlicher Stunde leise Small Talken.

Don'ts:

- Gesprächspartnern ständig während der Unterhaltung ins Wort fallen.
- Anlässlich einer Einladung zum Abendessen bis in die frühen Morgenstunden sitzen bleiben.
- Sich ungebeten an fremden Kühlschränken bedienen.
- Schmutziges Geschirr tagelang im Büro herumstehen lassen.
- Der Frau des Kollegen rote Rosen schenken.

Alles klar? – Quiz

Wer bietet im Geschäftsleben wem das Du an?

☐ Der/die Vorgesetzte dem Mitarbeiter/der Mitarbeiterin.
☐ Die Dame dem Herren.
☐ Der Ältere dem Jüngeren.

Sie begleiten einen Besucher durch Ihr Unternehmen. Wer geht vor?

☐ Sie überlassen dem Besucher den Vortritt.
☐ Sie übernehmen die Führung.
☐ Sie gehen voran und lassen den Gast zuerst ins Besucherzimmer
eintreten.

Sie begegnen Ihrem Chef oder Ihrer Chefin in der Stadt. Was tun Sie?

☐ Sie grüßen freundlich im Vorbeigehen.
☐ Sie gehen auf ihn oder sie zu und begrüßen per Handschlag.
☐ Sie tun, als hätten Sie ihn/sie nicht gesehen.

Wie begrüßen Sie einen Amerikaner?

☐ Mit Küsschen rechts und links.
☐ Mit einem kräftigen Händedruck.
☐ Mit einem breiten Grinsen.

Wann schicken Sie einen Blumenstrauß als kleines Dankeschön?

☐ Am Tag nach der Einladung.
☐ Eine Woche nach der Einladung.
☐ Sie vergessen es.

Sie kommen verspätet zu einer Sitzung. Wie verhalten Sie sich?

☐ Sie klopfen auf den Tisch und sagen laut »Hallo, da bin ich«.
☐ Sie gehen auf den Vorsitzenden zu und schütteln ihm freundlich
die Hand.
☐ Sie setzen sich kommentarlos auf den nächsten freien Stuhl
und entschuldigen sich in der Pause.

Sollten Sie bei Ihren Antworten unsicher sein, einfach nochmal nachlesen!

Ihr Auftritt

»Wie du kommst gegangen, so wirst du empfangen!«»Kleider machen Leute!« Eines dieser Sprichwörter haben Sie garantiert schon einmal von Mama, Papa, Oma, Opa oder anderen wohlmeinenden Menschen gehört. Und garantiert genauso oft gedacht: »So ein Quatsch. Ich bin gut, und das ist es, worauf es beim Karrieremachen ankommt.« Weit gefehlt! Erfahrungsgemäß hat bei Personalberatern und Chefs derjenige bessere Karten, der solche Sprüche beherzigt.

Neben guten Umgangsformen spielen Aussehen und selbstsicheres Auftreten eine entscheidende Rolle. Umgangsformen, Aussehen und Auftreten prägen Ihr Image. Also das Bild, das Sie Ihren Mitmenschen vermitteln. Zu diesem Bild gehört – so ungewohnt es klingt – auch Ordnung am Arbeitsplatz und im Auto.

Stork, Edith: Logistik im Büro. Unordnung kostet Geld. Weinheim und Basel [7]2007.

Unabhängig von der Branche, in der Sie arbeiten, kommen Sie als gepflegter Mensch besser an. Natürlich ist es unvermeidlich, dass sich der Handwerker, der Bauarbeiter, der Landwirt oder der Hobbygärtner schmutzig machen. Aber wer schon ungekämmt, verschwitzt und in unsauberen Klamotten zur Arbeit kommt, wird sicher nicht als ausgeschlafen und kompetent angesehen.

In vielen Branchen gibt es eine Kleiderordnung, im Englischen »dress code« genannt, nach der Sie sich unbedingt richten sollten. In deutschen Unternehmen ist dieser »dress code« selten schriftlich fixiert wie in Amerika. Dort wird die Kleidung im Berufsleben wesentlicher strenger gesehen als hier zu Lande. Selbst für den lockeren »casual Friday«, den es mittlerweile auch in deutschen Firmen gibt, existieren Richtlinien.

Das Vorstellungsgespräch

Für den ersten Eindruck gibt es keine zweite Chance! Besonders nicht bei einem potenziellen Arbeitgeber. Das sollten Sie bedenken, bevor Sie zu einem Bewerbungsgespräch gehen. Hinterher wird Ihnen normalerweise kein Unternehmen in der nett formulierten Absage erklären, ein Mitbewerber habe den Vorzug erhalten, weil er sich businesslike präsentierte, während Sie im Schlabberlook aufgelaufen seien.

Damit Sie den richtigen Kleidungsstil treffen, sollten Sie sich unbedingt vor dem Bewerbungsgespräch informieren, welche Kleidung in der Branche und der Firma üblich ist. Freunde oder Mitarbeiter des Unternehmens, die Sie bereits kennen, haben bestimmt Tipps auf Lager. Im entscheidenden Moment werden Sie sich sicherer fühlen, wenn Sie der Personalchefin oder Ihrem künftigen Chef im angemessenen Outfit gegenübersitzen. Versuchen Sie keinesfalls, die Chefin oder den Chef in puncto Kleidung zu übertrumpfen.

Für Vorstellungsgespräche gibt es einige goldene Regeln, die Sie beachten sollten:

● Kommen Sie zehn Minuten vor dem vereinbarten Termin, damit Sie noch einmal Ihre Kleidung, Ihre Frisur und Damen das Make-up überprüfen können.
● Ihre Bewerbungsunterlagen und andere wichtigen Utensilien stecken in einer Aktentasche.
● Tragen Sie Kleidung, in der Sie sich wohl fühlen. Sie darf weder kratzen, drücken noch einengen. Aus dem Konfirmandenanzug oder -kleid dürften Sie inzwischen herausgewachsen sein. Falls also nichts Passendes im Schrank hängt, lohnt es sich, für das Gespräch Geld in neue Sachen zu investieren. Die können Sie später im Büro tragen oder bei anderen Bewerbungsgesprächen wieder anziehen. Neue Schuhe sollten Sie unbedingt eintragen, sonst quietschen sie möglicherweise!

Frauen sollten nicht zu tief in den Farbtopf greifen. Einen viel gepflegteren Eindruck machen Sie mit leichtem Tages-Make-up, das Ihrem Farbtyp entspricht und die natürliche Schönheit unter-

> Auffallende Farben und Muster, zu viel Schmuck, sichtbare Piercings und Tattoos sind bei Damen und Herren vollkommen deplatziert. Sie werden nicht zum ersehnten Job verhelfen.
> Legen Sie außer einer Uhr, einem Ehe- oder unauffälligen Freundschaftsring keinen sichtbaren Schmuck an. Manschettenknöpfe sind nur bedingt empfehlenswert und Krawattenclips sind zurzeit unmodern.

streicht. Lange Haare stecken Sie am besten hoch oder binden sie zusammen, damit das Gesicht offen wirkt. Verdecken Sie nicht Ihr Gesicht mit wallender Lockenpracht oder einem bis an die Augen reichenden Pony.

Gut angezogen sind Sie in Kostüm, Etuikleid mit passendem Blazer oder im Hosenanzug in gedeckten Farben. Zu Kostüm und Hosenanzug passen Bluse, ein hochwertiges T-Shirt oder ein Top. Ein zu kurzer Rock macht genau wie ein zu tiefes Dekolletee einen unseriösen Eindruck. Ziehen Sie – auch im Sommer – Strümpfe oder Strumpfhosen an.

Herren treten, falls in der Branche üblich, in Anzug oder Kombination, Oberhemd und Krawatte in dezenten Farben und Mustern zum Bewerbungsgespräch an. Verzichten Sie auf weiße, helle oder bunte Socken. Die Socken müssen mit der Hosen- und Schuhfarbe harmonieren.

Achten Sie auf Mimik, Gestik und Körperhaltung, und denken Sie daran: »Lächeln macht einfach schöner!«

Denken Sie bei einem hellen Anzug daran, dass der Schuh immer dunkler sein sollte als die Hose, und wählen Sie dann entsprechend die Socken aus. Eine farbliche Unterbrechung zwischen Schuh und Hose macht Sie optisch kleiner. Denselben Effekt bewirkt ein Hosenumschlag.

INFO

Vom Scheitel bis zur Sohle

Ihre Haarpracht trägt wesentlich zu Ihrem Gesamteindruck bei. Deshalb müssten frisch gewaschene, geföhnte oder gestylte Haare eine Selbstverständlichkeit sein. Etwa alle vier bis sechs Wochen sollte ein Friseurbesuch in Ihrem Terminkalender stehen. Als Faustregel speziell für die Herren gilt: Je spärlicher der Haarwuchs, desto kürzer müssen die Haare geschnitten sein. Und noch ein Hinweis für die Herren: Lassen Sie keine Haare aus Nase und Ohren sprießen. Auch hier hilft der Figaro. Auf Wunsch pflegt er Bärte, die natürlich ebenfalls nicht wild wuchern sollten. Ein Dreitagebart wirkt nicht lässig, sondern nachlässig. Der Frisör zupft auch Augenbrauen und färbt Wimpern. Ansonsten ist das Sache der Kosmetikerin. In ihrem Studio werden Sie rundum verwöhnt – die Herren der Schöpfung täten gut daran, Vorurteile und Schwellenängste über Bord zu werfen und ihren Fuß ab und zu in einen Schönheitssalon zu setzen. Masken, Peelings und sanfte Massagen bauen Stress ab und steigern das Wohlbefinden bei Männlein und Weiblein. Hautunreinheiten werden beseitigt, Hände und Füße gepflegt. Zu den etwas unangenehmeren Prozeduren für Damen gehört das Entfernen von Haaren auf Beinen und unter den Achseln. Übrigens ein Muss in den USA, wo behaarte Körperstellen als unschicklich empfunden werden. Ein Damenbart sollte immer entfernt werden. »Jeder Mensch ist schön. Nur ignorieren manche Menschen ihre Schönheit.« (Aussage einer Visagistin) Herren können sich bei der Kosmetikerin in die Geheimnisse des Schminkens einweihen lassen. Gegen kleinere Schönheitskorrekturen ist nämlich nichts einzuwenden. So verschwinden Rötungen und Augenränder, wenn Sie mit Abdeckstift oder Concealer zu Werke gehen. Sehr auffallende Brillen verändern oder verdecken das Gesicht. Das kann einen Gesprächspartner irritieren. Wählen Sie Ihre Brille so, dass Ihr Gesicht in Erinnerung bleibt und nicht die Brille. Getönte Gläser sollten nur so dunkel ausfallen, dass die Augen noch zu sehen sind. Sonnenbrillen sind zum Schutz vor der Sonne da. In die Haare geschoben sind sie zwar ein sehr modisches Accessoire, aber für das Geschäftsleben ungeeignet. Wenn Sie sich im Freien unterhalten, nehmen Sie die Sonnenbrille ab. Spiegelbrillen irritieren den Gesprächspartner. Mit gepflegten Zähne lächeln Sie schöner. Gehen Sie zum Beispiel mindestens einmal im Jahr zum Zahnarzt und lassen Sie bei der Gelegenheit Zahnstein entfernen. Kauen Sie in Gegenwart anderer keinen Kaugummi! Zahnpflegekaugummi nach dem Essen möglichst allein oder sehr diskret kurz durchkauen und dann in Papier gewickelt entsorgen. Unter Tischen und Stühlen klebender Kaugummi kann Flecken auf der Kleidung verursachen, die schwer zu entfernen sind.

Gegen rissige Hände helfen Cremes und im Winter Lederhandschuhe. Achten Sie auf saubere Fingernägel. So genannte Trauerränder sehen ebenso hässlich aus wie angeknabberte Fingernägel. Wenn Sie ständig an Ihrer Nagelhaut herumzupfen, führt das zu Entzündungen. Angeknabberte Nägel und gerötete Nagelbetten verraten Nervosität. Kleidung regelmäßig lüften, waschen, bügeln oder reinigen. Bei Rauchern ist das öfter fällig als bei Nichtrauchern. Ungeputzte Schuhe, schiefe Absätze und Löcher in den Sohlen ruinieren den besten Auftritt. Strapaziertes Schuhwerk hat gute Pflege verdient: Putzen Sie die Schuhe zweimal pro Woche mit einer Schuhcreme und ziehen Sie sie jeden Abend nach dem Ausziehen auf Holzspanner. Wenn Sie den Tretern anschließend noch einen Ruhetag gönnen, verdoppelt das ihre Lebensdauer. Absätze müssen regelmäßig erneuert werden. Durchgelaufene Sohlen gehören zum Schuster. Denken Sie daran, bei neuen Schuhen die Preisetiketten unter den Sohlen zu entfernen.

Duftnoten

»Nicht nur, was man sieht, zählt.« Auch Düfte und Gerüche tragen zum persönlichen Image bei. Damit Sie Ihren Mitmenschen »nicht stinken«, empfiehlt es sich, vor wichtigen Terminen auf Zwiebeln, Knoblauch sowie sehr scharfe, exotische Gewürze zu verzichten. Abgesehen von unangenehmen Blähungen verursachen diese Nahrungsmittel nicht nur schlechten Atem, sondern auch Körpergeruch, da Sie durch die Haut ausdünsten. Gegen Körpergeruch hilft ein Deo, bei empfindlicher Haut bestimmte Kristalle oder Medikamente. Am besten lassen Sie sich in der Apotheke beraten. Dies alles nützt natürlich nichts, wenn Sie nicht regelmäßig duschen und Ihre Kleidung sorgfältig pflegen.

Kaffee, Zigaretten, mangelnde Mundhygiene oder Stoffwechselkrankheiten können Mundgeruch hervorrufen. Dagegen helfen häufiges Zähneputzen, Zahnseide, Mundspray, Pfefferminz oder Chlorophylltabletten.

Übermäßig genossener Alkohol verleiht Ihnen eine »Fahne«. Der Geruch dringt durch alle Poren. Außerdem mindert Alkohol die Konzentrationsfähigkeit und löst Gähnattacken aus.

Vermischte Düfte erzeugen Gestank! Haarspray, Deo, Seife, Parfüm und dazu eine Prise Körpergeruch – über diesen Mix wird so mancher die Nase rümpfen. Abgesehen davon, dass er Kopfschmerzen auslösen kann. Strapazieren Sie die Geruchsnerven Ihrer Mitmenschen nicht über Gebühr und entscheiden Sie sich für eine Duftlinie. Mittlerweile sind viele geruchsneutrale Produkte auf dem Markt. Verwenden Sie tagsüber statt Parfüm lieber ein frisches, leichtes Eau de Toilette. Herren solllten ihr Rasierwasser sparsam dosieren.

Schönheitsfehler

»Sie haben einen Toilettenfehler.« Mit diesem schönen Satz begannen früher Gespräche über kleine Peinlichkeiten. Viel Fingerspitzengefühl ist beispielsweise gefragt, wenn Sie bei jemandem Mund- oder Körpergeruch wahrnehmen. Sprechen Sie es diskret an, auch wenn es Ihnen peinlich ist. Das gilt auch für Schuppen auf den Schultern, den offenen Hosenlatz, Laufmaschen, Flecken, Essensreste zwischen den Zähnen oder im Gesicht.

Des Kaisers neue Kleider

Stilvolle Kleidung von guter Qualität wertet Sie auf. Am Anfang Ihrer Karriere sollten Sie einige Zeit und Geld auf die Auswahl einer vielseitig einsetzbaren Grundgarderobe verwenden.

Um dauerhaft zu sparen, investieren Sie zunächst in eine Farb- und Stilberatung. Gehen Sie mit Vorsicht an die Sache heran. Nehmen Sie verschiedene Institute unter die Lupe, bevor Sie Ihre Wahl treffen. Hilfreich sind Empfehlungen aus dem Kollegen- und Bekanntenkreis. Wer sich selbst nach einer Farb- und Stilberatung positiv verändert hat, kann Ihnen sicher eine seriöse Adresse nennen. Auch im Internet werden Sie fündig.

Die beste Visitenkarte ist die Beraterin selbst. Sie muss perfekt gepflegt sein und ausstrahlen, was sie lehrt. Farbanalysen kosten von

150 Euro an aufwärts. Inklusive ist eine Farbkarte mit Stoffmustern in den Farben, die Ihren Typ optimal unterstreichen. Dieser Farbpass dient Ihnen künftig als Einkaufshilfe. Stilberatungen werden extra berechnet. Solche Veranstaltungen werden als Einzelberatung oder Seminar angeboten. In den Veranstaltungen lernen Sie, wie Sie Farben und Muster geschickt und figurgerecht kombinieren, wie Farben wirken, welcher Schmuck und welche Accessoires am besten zu Ihnen passen. Auch Frisuren, Körper- und Kleidungspflege werden angesprochen. Die Damen werden entweder geschminkt oder erhalten nützliche Make-up-Tipps.

www.MAILE.de: Katalog mit Tipps und Tricks zur Herrengarderobe. Bestellshop für Maßkleidung und hochwertige Accessoires.
www.beautyislife.de: Hinweise zu Farb- und Stilberatung, Produkte, Seminare und Ausbildung.

Die Grundgarderobe

Achten Sie beim Kauf Ihrer Kleidung auf perfekten Sitz, gute Qualität und harmonische Farbzusammenstellungen. Wählen Sie Stoffqualitäten, die für Sommer und Winter geeignet sind. Tragen Sie nicht mehr als zwei verschiedene Muster. Stoffetiketten am Ärmel gehören entfernt. Sie sind lediglich zur schnelleren Orientierung des Kunden im Geschäft gedacht. Stoffe mit hohem Kunstfaseranteil sind knitterarm. Sie müssen jedoch viel häufiger gewaschen oder gereinigt werden als Naturfasern, weil sie sehr schnell unangenehm riechen.

Mehr als zwei Grundfarben und auffällige Muster wirken unruhig. Ärmellose Kleider oder Blusen sind inzwischen im Ge-

Empfehlungen für die Business-Lady

2 Mäntel (warmer Wollmantel und Regenmantel);
2 Kostüme oder Hosenanzüge;
2 Röcke und/oder Hosen mit passenden Blazern oder Jacken oder
2 Etuikleider mit Jacken;
10 Oberteile wie Blusen, hochwertige Pullover, T-Shirts und Tops;
2 Twin-Sets;
1 elegantes Kleid und/oder ein Hosenanzug für den Abend;
verschiedene Seidentücher und Schals;
2 Handtaschen (sportlich und elegant);
Strümpfe und Strumpfhosen nach Bedarf;
3–5 Paar Schuhe.

schäftsleben salonfähig – vorausgesetzt, Sie haben ansehnliche Arme und sehen es als selbstverständlich an, bei wichtigen Terminen eine passende Jacke überzuziehen. Verzichten Sie aber auf Spagettiträger, bauchfreie Tops, durchsichtige und zu eng anliegende Kleidung, Super-Minis und hochgeschlitzte Röcke. Kurz: Geizen Sie mit Ihren Reizen. Ansonsten richten sich Rock- und Hosenlänge nach Mode und Figur.

Gehen Sie tagsüber mit Make-up sparsam um. Knallrot lackierte Fingernägel mit Strass-Steinchen sind nicht empfehlenswert. Tagsüber sollten Sie nur wenig Schmuck tragen. Mehr als fünf Teile – zum Beispiel Uhr, Ring, Armband, Kette, Ohrringe (sie zählen als ein Teil) – wirken überladen. Am Abend dürfen Sie dann etwas mehr glänzen.

Empfehlungen für den jungen Geschäftsmann

2 Mäntel (Wollmantel und Trenchcoat);
3 Anzüge und/oder Kombinationen;
1 dunkler Anzug für den Abend;
10 Hemden;
10 Krawatten;
2 Ledergürtel;
10 Paar Socken passend zu den Hosen.
3–5 Paar Schuhe.

Pastellfarbene oder dezent gemusterte Hemden wirken bei den meisten Herren frischer und harmonischer als weiße.

Der offizielle Anlass erfordert allerdings ein weißes Hemd mit langen Ärmeln und dem klassischen Kent- oder Haifischkragen zum dunklen Anzug. Ärmel haben die richtige Länge, wenn sie ein- bis eineinhalb Zentimeter unter dem Sakko hervorschauen. Die korrekt gebundene Krawatte endet am oberen Rand der Gürtelschnalle, maximal am Dorn des Gürtels. Wählen Sie gedeckte, zurückhaltende Krawattenmuster und Farben. Der Krawattenknoten richtet sich nach der Kragen- und Gesichtsform. Der Hemdknopf unter dem Binder bleibt immer geschlossen.

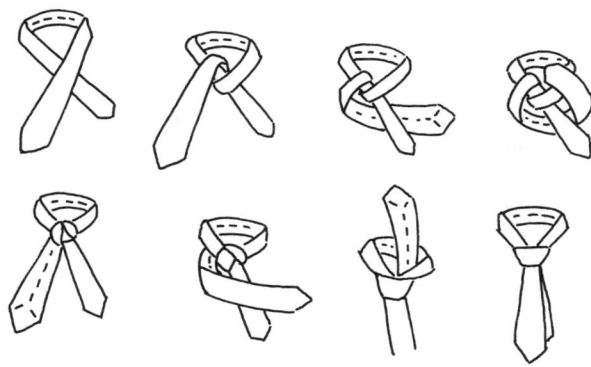

Kurzärmelige Hemden unter einem Sakko werden im Sommer mittlerweile akzeptiert, sind jedoch nicht stilvoll. Zum Anzug mit Weste sind Kurzarmhemden völlig unpassend. Tragen Sie immer ein Unterhemd, sonst bilden sich hässliche Schweißränder und Sie beginnen nach kurzer Zeit zu »duften«.

Die Hose endet beim Herrn hinten oberhalb des Schuhabsatzes und liegt vorne mit einem Knick auf dem Schuh auf. Die Strümpfe reichen bis zur Wade. Beim Übereinanderschlagen der Beine könnten sonst die zehn unerotischsten Zentimeter des Mannes zum Vorschein kommen – ein Stück weißes, behaartes Bein.

Trägt der Herr eine Anzugweste, bleibt der untere Knopf geöffnet. Beim Sakko werden jeweils nur die oberen ein, zwei oder drei Knöpfe geschlossen.

Bei einer Unterhaltung beide Hände in die Taschen zu stecken ist immer unhöflich. Eine Hand in der Hosentasche ist dagegen in lockerer Runde möglich.

Wenn es sehr heiß ist, entscheidet der Gastgeber einer Veranstaltung oder der Vorsitzende einer Konferenz, ob Sie Ihr Sakko ablegen dürfen. Legt er seine Jacke ab, dürfen die anderen folgen. Haben Sie vorher schon stark geschwitzt, behalten Sie sie besser an. Beim Sitzen öffnen Sie Ihr Sakko. Kommt jemand zur Begrüßung auf Sie zu, schließen Sie die Knöpfe – beim Zweireiher auch den inneren – und reichen die Hand. Die Linke dabei keinesfalls in der Hosentasche versenken.

 ## Auslandsreisen

Die richtige Kleidung ist im Ausland beinahe noch wichtiger als daheim. An unangemessener Garderobe kann schlimmstenfalls ein Geschäftsabschluss scheitern. Grundsätzlich liegen Sie mit formeller Kleidung immer und überall richtig: Für den Herren möglichst Anzug mit Krawatte, für Damen Kostüm oder Hosenanzug – alles in gedeckten Farben.
In moslemischen Kulturen sind Arme und Knie immer bedeckt. Frauenkleidung darf nicht aufreizend wirken. Vor dem Betreten von Wohnungen und Moscheen bitte die Schuhe ausziehen.
Die Farbe Weiß ist in Japan, China und Indonesien Trauerfarbe. In Indien und Malaysia können Herren auf das Jackett verzichten, stattdessen sind langärmelige Hemden mit Krawatte angesagt.

Intensiv können Sie sich informieren in dem Buch von Birgit Rupprecht-Stroell, Auslandsknigge. München 2002.

Schmückendes Beiwerk

Beweisen Sie Stil und Geschmack bei der Auswahl Ihrer Accessoires. Tragen Sie nicht zu dick auf. Es müssen nicht unbedingt Designermarken sein. Lederaccessoires wie Aktentasche, Gürtel, Brieftasche, Geldbörse und natürlich die Schuhe sollten von guter Qualität und farblich aufeinander abgestimmt sein. Dasselbe gilt für Brillen, Schmuck, Uhren und Gürtelschnallen.

Verwenden Sie Stofftaschentücher. Papiertücher sind nur für Schnupfen und kleine Pannen gedacht. Denken Sie bei Regen an den Schirm und im Winter an Handschuhe.

Schreiben Sie mit Füller. Das wirkt sich positiv auf Ihre Handschrift aus. Plastikkugelschreiber zeugen ebenso wenig von gutem Geschmack wie billige Einwegfeuerzeuge. Brillenetuis, Terminplaner, Visitenkartenmäppchen und vor allem Uhren sagen viel über Ihren persönlichen Stil aus – dynamisch, sportlich, elegant bis zu protzig.

Für alle Fälle

Ein Nähmäppchen – auch für Herren – sollte immer dabei sein. Natürlich sollten Sie in der Lage sein, Knöpfe anzunähen. Nagelfeile und kleine Schere, Deo oder Eau de Toilette, Kamm/Bürste, Haarspray oder Gel, Taschenspiegel, Schmerztabletten, Pfefferminz und eine kleine, flache Kleiderbürste. Fußspray bewährt sich vor allem auf Messen und überall, wo Sie lange stehen müssen. Frauen sollten stets Ersatzstrumpfhosen parat haben.

Lauter Kleinkram

Herren benötigen für ihre Utensilien eine Aktentasche. Die Laptoptasche bietet ebenfalls Platz für Ihren Kleinkram inklusive Handy. Es sollte nicht am Gürtel hängen. Voll gestopfte Hosen- und Jackentaschen ruinieren jeden Anzug.

Damen haben die Qual der Wahl zwischen Aktentasche und großer Handtasche, praktisch sind Aktentaschen mit zwei Fächern, in denen Sie private und geschäftliche Unterlagen trennen. So vermeiden Sie Lippenstiftspuren auf Akten oder parfümierte Dokumente.

Mehrere Tüten, Taschen, Beutel mitzuschleppen wirkt unorganisiert.

Wenn Sie ins Büro radeln, ist ein Rucksack bequem. Er ist allerdings nicht für den Kundenbesuch geeignet, da muss wieder die Aktentasche gepackt werden.

»Casual day«

Viele deutsche Firmen haben nach amerikanischem Vorbild den »casual day« oder »casual Friday« eingeführt. Das ist aber kein Freifahrtschein für zu lässige Kleidung.

In allen Lebenslagen gilt: Besser overdressed als underdressed!

Herren, die normalerweise in Schlips und Kragen im Büro erscheinen, tragen keinesfalls Bermudashorts und Sandalen oder verwaschene, zerrissene Jeans und Sportschuhe ohne Strümpfe. Stattdessen sind modisch-legerer Anzug mit Polohemd, unifarbenes T-Shirt oder Pullover und hochwertige Woll- oder Baumwollhosen eventuell mit Sakko angesagt.

Damen tragen hochwertige Freizeitkleidung. Dunkler Hosenanzug und elegantes Kostüm können im Schrank bleiben. Lassen Sie sich am »casual day« nicht zu tiefen Dekolletées hinreißen, sonst reden böse Zungen von »Ausschnittakquise«.

Die Empfehlungen für den »casual day« gelten für die tägliche Garderobe in den Branchen, in denen es generell weniger formell zugeht, wie zum Beispiel in der IT-Branche, Presse und Werbung, Ingenieur- und Architekturbüros.

Jetzt wird es vornehm!

Was soll ich zu diesem besonderen Anlass bloß anziehen? Die Frage erübrigt sich, wenn Sie eine Einladung mit Bekleidungsvermerk bekommen, denn dieser ist bindend. Beispiele für moderne Bekleidungsvermerke, die für Männlein und Weiblein gelten: sommerlich-elegant, sportlich-leger, Freizeitkleidung, klassisch-elegant, Geschäftskleidung. Im Englischen heißt es nach wie vor »black tie« oder »white tie«, »dark suit«, »business attire« oder für lockere private Einladungen casual. Bei offiziellen Anlässen bezieht der Bekleidungsvermerk sich auf die Kleidung des Herrn. Heißt es dunkler Anzug, trägt er dazu ein weißes Hemd mit klassischem Kragen. Eine Umschlagmanschette mit edlen Manschettenknöpfen ergänzt das elegante Outfit. Eine Weste wertet das Ganze auf. Achtung: Der Button-down-Kragen ist hier ein Stilbruch!

Die Dame ist im klassischen Businesskostüm, Hosenanzug oder Kleid, aufgepeppt durch Schmuck und edle Accessoires, richtig angezogen. Zum Smoking (black tie), der in den USA Tuxedo heißt, gehört für die Dame ein elegantes Kleid oder ein Abendanzug aus edlem Material. Jetzt darf sie auch glitzern und glänzen.

Bei Schiffsreisen oder Veranstaltungen im Freien kann der Herr das weiße Dinner-Jackett zur schwarzen Smoking-Hose kombinieren, dazu die schwarze Fliege und Kummerbund.

Nur noch selten steht auf Einladungen »white tie«, was bedeutet, dass der Herr im Frack erscheinen muss. Die Lady trägt dazu eine aufwändige Abendrobe, lange Handschuhe und ihren wertvollsten Schmuck.

Tipp: Zum Abendkleid kann die junge Lady ihre unbestrumpften, perfekt gepflegten Beine und Füße mit sorgfältig lackierten Nägeln in offenen Schuhen zeigen.

Razzia im Kleiderschrank!

Sicher kennen Sie das: Morgens stehen Sie verzweifelt vor Ihrem voll gestopften Kleiderschrank und wissen nicht, was Sie anziehen sollen. Die Auswahl ist einfach zu groß. Machen Sie Schluss damit – und durchforsten Sie den Schrank!

Räumen Sie komplett aus. Sie werden sich wundern, welche Schätze Sie zu Tage fördern. Sortieren Sie diejenigen Sachen aus, die Sie nur saisonbedingt tragen wie Skianzug Winter- und Sommermantel oder Strandkleidung. Sie gehören in einen Extraschrank oder ein Fach, damit sie den Schrank nicht verstopfen. Ihre Kleidung für besondere Anlässe und Sachen, die Ihnen derzeit nicht richtig passen, weil Sie zu- oder abgenommen haben, sollten Sie ebenfalls separat unterbringen.

Alles, was Sie länger als ein Jahr nicht getragen haben, legen Sie auf zwei Stapel. Der eine ist für den Secondhandladen gedacht, der andere für die nächste Altkleidersammlung. Bevor Sie ausrangieren, überprüfen Sie sorgfältig alle Taschen! Die Damen achten zusätzlich darauf, dass sie keinen Schmuck mit weggeben.

Nun haben Sie schon viel Platz gewonnen, die Neueinteilung kann beginnen. Nutzen Sie vorher die Gelegenheit, alles, was nicht hundertprozentig in Ordnung ist, zu waschen, zu reinigen oder auszubessern.

Räumen Sie nur die Dinge wieder ein, die Sie wirklich regelmäßig tragen. Sortieren Sie Kleider, Röcke, Hosen, Blusen, Oberhemden und Anzüge nach Farbgruppen. Stapeln Sie Polohemden, Pullover und T-Shirts ebenfalls nach Farben.

Hängen Sie die Sachen nicht zu dicht auf die Kleiderstange, um Zerdrücken und Zerknittern zu vermeiden. Auf diese Weise haben Sie einen besseren Überblick und werden mit Sicherheit viele neue Kombinationsmöglichkeiten entdecken.

Krawatten, die nach jedem Tragen entknotet und glatt gestrichen werden, hängen Sie sorgfältig auf einen separaten Krawattenbügel. Die Damen legen ihre Seidentücher zusammen und bewahren sie liegend mit Modeschmuck und anderen Accessoires auf.

Tipp: Bevor Sie einräumen, waschen Sie alle Schrankfächer mit Essigwasser aus. Gegen Muff und Motten helfen Lavendelsäckchen und kleine Zedernholzblöcke. Leere Parfüm- oder Rasierwasserflaschen, zwischen die Wäsche gelegt, verströmen dezent Ihren Lieblingsduft.

Nachdem Sie sämtliche Kleidungsstücke und Accessoires geordnet haben, fällt es Ihnen bestimmt leichter, Ihre Garderobe gezielt zu ergänzen. Sie werden nie wieder ratlos vor dem Kleiderschrank stehen. Vor wichtigen Terminen sollten Sie sich schon am Vorabend Ihre Garderobe zusammenstellen. Falls dann doch einmal etwas fehlt, zum Beispiel die passenden Socken oder Strümpfe, können Sie rechtzeitig umdisponieren.

Einkaufen mit System

● Nehmen Sie sich Zeit. Abgehetzt und kurz vor Ladenschluss ist die Neigung zu Fehlkäufen groß.

● Ziehen Sie zum Einkaufen etwas an, in dem Sie sich besonders wohl fühlen und Ihr Stil erkennbar ist. Wenn Sie geschmackvoll und hochwertig gekleidet sind, werden Sie entsprechend bedient.

● Gehen Sie in Geschäfte, die Ihre Lieblingsmarken führen und in denen Sie schon öfter fündig geworden sind. Sehen Sie sich zunächst in Ruhe alleine um und lassen Sie sich anschließend beraten.

● Schauen Sie nach Ihren Lieblingsfarben. Wenn Sie einen Farbpass besitzen, nehmen Sie ihn immer als Einkaufshilfe mit.

● Kaufen Sie nur, was mit mindestens zwei bereits vorhandenen Kleidungsstücken zu kombinieren ist. Spontan gekaufte Einzelstücke werden oft zu Schrankhütern.

● Legen Sie Wert auf gute Qualität. Geben Sie im Zweifelsfall lieber etwas mehr Geld aus. Das macht sich spätestens nach der dritten Reinigung bezahlt.

● Waren Sie mit der Beratung besonders zufrieden, merken Sie sich den Namen der Verkäuferin oder des Verkäufers. In den meisten Geschäften steht er auf dem Kassenzettel.

● Werden Sie Stammkundin oder -kunde, dann kennt das Personal sehr schnell Ihren Geschmack, Ihre Vorlieben und Ihre beruflich bedingten Ansprüche.

● Achten Sie das Jahr über auf Sonderangebote. Besonders vor dem saisonbedingten Schlussverkauf wird vieles reduziert. Nach dem Wegfall des Rabattgesetzes lohnt es sich, zu handeln. Ein kleiner Preisnachlass ist fast immer drin.

● Kaufen Sie einen Schnäppchenführer. Legen Sie pro Saison einen Einkaufstag ein. Viele Firmen bieten Fabrikverkauf an. Wenn Sie sich mit Kolleginnen oder Kollegen zusammentun, lohnt sich die Fahrt zum Factory-Outlet.

● Sortieren Sie für jedes neu erworbene Kleidungsstück ein altes aus. Das erspart Ihnen den überquellenden Kleiderschrank.

Kofferpacken

Damit es Ihnen beim Lesen nicht langweilig wird, dürfen Sie selbst Kofferpacken. Sie gehen auf eine mehrtägige Geschäftsreise und dürfen nur einen Bordtrolley und einen Kleidersack im Flugzeug mitnehmen. Schreiben Sie auf, was Sie einpacken und anziehen. Hier ist Ihr Reiseplan:

Erster Tag
● 18:30 Uhr Ankunft.
● Abendessen mit Geschäftspartnern im Hotel.

Zweiter Tag
● Vormittags Besprechungstermine.
● Mittagessen mit einem der Verhandlungspartner.
● Besichtigung verschiedener Werke.
● Galadiner.

Dritter Tag
● Vormittags Pressekonferenz.
● Mittagessen.
● Stadtbummel.
● Abschlussgespräch in Ihrer Tochtergesellschaft.
● Theaterbesuch.

Vierter Tag
● Abflug nach dem Frühstück.

Mögliche Lösungen finden Sie gleich im Anschluss.

Reiseoutfit für die Dame

1 Mantel, Taschenschirm;
1 große Handtasche oder
  Aktentasche;
1 Kostüm;
1 Hosenanzug mit Weste;
1 Freizeithose;
1 Twinset;
2 Blusen;
2 T-Shirts;
2 Seidentücher;
1 schwarzes Kleid für den
  Abend;
1 kleine Handtasche;
3 Paar Schuhe;
Nacht- und Unterwäsche,
Kosmetiktasche.

Reiseoutfit für den Herrn

1 Mantel, Taschenschirm;
1 Aktenkoffer/Aktentasche;
1 dunkler Anzug;
1 Tagesanzug mit 2 Hosen;
4 Krawatten;
2 Gürtel;
2 weiße Oberhemden;
2 farbige Oberhemden;
1 Freizeithose mit Blazer;
1 Polohemd;
1 Pullover;
3 Paar Schuhe;
Nacht- und Unterwäsche,
Waschutensilien.

Packtechnik

Damit Ihre Kleidung die Reise unbeschadet übersteht, packen Sie zunächst die schweren Teile wie Waschzeug und Schuhe ganz unten in den Koffer. Stecken Sie Strümpfe oder Socken in die Schuhe und packen Sie diese einzeln oder paarweise in einen Schuhbeutel. Gürtel legen Sie am Rand des Koffers entlang, so nehmen sie weniger Platz weg. Unterwäsche und Pyjama nutzen Sie zum Ausstopfen.

T-Shirts und Pullis, Blusen und Hemden gehören, sorgfältig gefaltet, flach in den Koffer. Röcke am besten vor dem Falten auf links ziehen. Hosen reisen knitterfrei, wenn sie eng zu einer Wurst zusammenrollt werden. Kleider, Anzüge und Kostüme sind gut im Kleidersack untergebracht.

Öffnen Sie nach Ankunft im Hotel Ihren Koffer und packen Sie möglichst schnell aus. Falls doch etwas verknittert ist, hängen Sie es auf einen Bügel ins Bad. Schließen Sie die Tür und lassen Sie einen Moment heißes Wasser laufen, dann ist im Nu alles wieder glatt.

Tipp: Nehmen Sie aufblasbare Plastikbügel mit auf die Reise. In den meisten Hotels sind die Bügel fest im Schrank installiert.

Dos and Don'ts

Damen

Dos
- Zum offiziellen Businesskostüm auch im Hochsommer Strümpfe und geschlossene Schuhe tragen. Strümpfe mit niedriger Den-Zahl sind bei Hitze angenehmer als Strumpfhosen.
- In Aktentaschen eine kleine Tasche für das Dinner nach Geschäftsschluss unterbringen, die große an der Garderobe abgeben.
- In Abendrobe auf die Armbanduhr verzichten. Dem Glücklichen schlägt keine Stunde.
- Make-up regelmäßig überprüfen und auffrischen.
- Geizen mit den Reizen, auch den Nabel bedecken.

Don'ts

- Handtaschen in Gegenwart anderer auskippen. Es könnten Dinge herausfallen, die Ihnen peinlich sind.
- So eng sitzende Kleidung tragen, dass Sie ständig daran herumzupfen müssen. Das irritiert nicht nur Sie, sondern auch die Mitmenschen.
- In schwarzer Ledermontur oder Leopardenlook im Büro aufkreuzen.
- Schuhe unter dem Tisch ausziehen, auch wenn die Füße noch so sehr schmerzen. Legen Sie sich größere Schuhe zu.
- In Joggingschuhen, Stilettos oder anderem auffallendem Schuhwerk ins Büro stolzieren.

Herren

Dos

- Lederaccessoires wie Aktentasche, Schuhe, Gürtel auf die Kleidung abstimmen.
- Sich ab und zu im Kosmetiksalon verwöhnen lassen.
- Sommers wie winters Unterhemden tragen.
- Schuhe sorgfältig pflegen, abgelaufene zum Schuster bringen.
- Mit Kleiderbürste und Nähzeug umgehen können. Mutter, Freundin oder Ehefrau stehen nicht ständig parat.

Don'ts

- Weiße oder farbig gemusterte Socken zum Anzug tragen.
- Im Winter ohne Mantel nach draußen gehen. Wirkt nicht heldenhaft, sondern albern.
- Wild gemusterte Schweinchen- oder Mickymauskrawatten umbinden. Da kommt das Kind im Manne zum Vorschein.
- Kurze Hosen mit langen Socken und Sandalen kombinieren.
- Permanente Karibikbräune aus dem Sonnenstudio zur Schau tragen.

Alles klar? – Quiz

Wie viele Schmuckstücke sollte eine Managerin höchstens tragen?

☐ Zehn.
☐ Zwei.
☐ Fünf.

Welchen Knopf lässt der Herr beim Sakko oder einer Weste auf?

☐ Den unteren.
☐ Den oberen.
☐ Den mittleren.

Wo endet eine gut gebundene Krawatte?

☐ Eine Handbreit über dem Gürtel.
☐ Sie bedeckt den Gürtel.
☐ Am oberen Rand der Gürtelschnalle.

Welche Farbe wirkt für Geschäftskleidung besonders vertrauenerweckend?

☐ Schwarz.
☐ Dunkelblau.
☐ Orange.

Wie wirkt ein Dreitagebart im Geschäftsleben?

☐ Seriös.
☐ Jugendlich.
☐ Unausgeschlafen.

Welche Kleidung passt am besten zu einer erfolgreichen Geschäftsfrau?

☐ Schicke klassische Kostüme und Hosenanzüge.
☐ Kleidung entsprechend dem letzten Schrei.
☐ Kleidung, die ihre weiblichen Reize betont.

Welche Schuhe passen am besten zum klassischen Geschäftsanzug?

☐ Modische Sneaker.
☐ Dunkelbraune Wildlederschuhe.
☐ Neutrale schwarze Schnürschuhe.

Bei dir piept's wohl?

Zeitgemäß kommunizieren

Sprache ist der Schlüssel zum Kommunikationserfolg. Im Zeitalter der Globalisierung schlagen E-Mails, SMS und Fax Brücken über alle Kontinente. Im Unterschied zum persönlichen Gespräch und zum Telefon gibt es in der schriftlichen, elektronischen Kommunikation allerdings keine Chance, unpräzise Angaben unmittelbar zu klären, harte Aussagen mit einem Lächeln zu entschärfen. Bevor Sie also loslegen, überlegen Sie genau, welchen Adressaten Sie erreichen und welche Botschaft Sie wie übermitteln wollen. Erst wenn diese Denksportaufgabe gelöst ist, sollten Sie in die Tasten greifen.

Klare Denke – klare Schreibe

Manche Chefs halten kunstvoll gedrechselte Schachtelsätze voller Substantivierungen immer noch für guten Stil. Es ist jedoch viel schwieriger, aber bei weitem höflicher, komplizierte Sachverhalte kurz und knapp darzustellen. Je einfacher Sie Sachverhalte schildern, desto besser sind sie für den Adressaten verständlich.

Eine einfache Sprache, bekannte Begriffe, prägnante Aussagen erleichtern die Verständigung. So lassen sich Missverständnisse von vornherein vermeiden. Im Kontakt mit ausländischen Geschäftspartnern vereinfachen solche Texte zudem das Übersetzen.

Mit Fachbegriffen und Abkürzungen gespickte Texte sind wenig hilfreich, weil missverständlich. Nicht jeder hält zum Beispiel CD auf Anhieb für eine Compact Disc. Mit dieser Abkürzung können auch das Corporate Design oder das Corps diplomatique gemeint sein. Benutzen Sie Abkürzungen erst, wenn Sie sicher sind, dass der

Empfänger die Begriffe nicht nur kennt, sondern sie genauso interpretiert wie Sie. Sonst ist die Gefahr, aneinander vorbeizureden groß.

 Tipp: Redigieren Sie einen Text, wenn Sie ihn fertig geschrieben haben. Lassen Sie den Entwurf von jemandem kritisch gegenlesen, auch auf Rechtschreibfehler hin. Vier Augen sehen mehr als zwei!

Für Geschäftsbriefe und Faxe verwenden Unternehmen offizielle Briefbögen mit Logo und Firmenadresse, die dem Corporate Design entsprechen. Neben der herkömmlich gedruckten Version stellen Firmen ihren Mitarbeitern solche Bögen mittlerweile über PC als Vorlagen zur Verfügung. Diese so genannten Templates können relativ einfach personalisiert und geändert werden und sind jederzeit abrufbar. Die fertigen Briefe werden auf den Drucker geschickt. Eine Datei-Kopie kann abgespeichert werden, sodass lästiges Abheften im Aktenordner entfällt.

Britisch oder Amerikanisch

Internationale Geschäftskorrespondenz wird zunehmend in Englisch abgewickelt. Informieren Sie sich, ob Ihre Firma amerikanisches oder britisches Englisch benutzt. Es gibt kleine, aber feine Unterschiede: So nehmen Engländer statt des Handys ein »cellular phone« in die Hand, Amerikaner sprechen ins »mobile phone«.

 Wenn Sie in einer Fremdsprache nicht sattelfest sind, bitten Sie Kollegen oder professionelle Übersetzer um Hilfe. Im Internet gibt es zudem Übersetzungsprogramme oder -hilfen. Zum Beispiel
www.leo.org: Wörterbuch für die Sprachrichtungen Deutsch/Englisch, Deutsch/Französisch, Deutsch/Spanisch und seit April 2008 Deutsch/Italienisch und Deutsch/Chinesisch.
http://system.heisoft.de: bietet Online-Übersetzungen in vielen Sprachen an.
www.englische-briefe.de: Deutsch-englisches Wörterbuch und Nachschlagewerk mit Mustersätzen und Floskeln für E-Mail, Fax, Brief. Hinweise zu Anreden und zum Adressieren.

Nett im Netz

Das Schwätzchen beim Kollegen im Büro nebenan, der Griff zum Telefon, um Infos weiterzugeben oder zu bekommen, der Liebesbrief an die Freundin – nicht mehr zeitgemäß. Der moderne Mensch nutzt elektronische Medien – er schreibt E-Mails und SMS. So lässt sich jederzeit schnell und weltweit kommunizieren. Die Kehrseite der Medaille: Viele Menschen werden mit elektronischer Post überschwemmt. In manchen PCs landen mehr als 100 E-Mails pro Tag – eine Flut, die kaum zu bewältigen ist. Effizientes Arbeiten wird fast unmöglich. Außerdem verführt die Schnelligkeit des Mediums dazu, zu schreiben, ohne nachzudenken. Im Nachhinein kann das ebenso Ärger einbringen wie ein salopper Ton, den Chef oder Geschäftspartner »in den falschen Hals bekommen«.

Umgangston und Schreibstil gehören zu den wenigen Kriterien, nach denen der Adressat einen Mail-Absender beurteilen kann. Um einen guten Eindruck zu machen, sollten Mail-Schreiber deshalb die Online-Umgangsformen beherrschen, die sich im Verkehr auf der internationalen Mail-Autobahn etabliert haben – die Netiquette.

Schreiben Sie Geschäftspartner wie im Brief förmlich mit Anrede und Titel an und beenden Sie die Mail mit einer Grußformel, zum Beispiel »Mit freundlichen Grüßen«. Anreden, Grußformeln, Daten und so weiter sind bei manchen Mail-Programmen gespeichert und lassen sich per Mausklick einfügen.

Bilden Sie vollständige Sätze und beachten Sie die Rechtschreibung. Auch wenn es schnell gehen soll, muss Zeit zum Durchlesen und Fehlerkorrigieren bleiben. Schlampig geschriebene E-Mails blamieren den Absender. Denken Sie daran, dass E-Mails leicht weitergeleitet werden können; Fehler machen so schnell die Runde.

»Fasse dich kurz, formuliere prägnant, aber vorsichtig.« Schroff klingende Sätze können den Menschen auf der anderen Seite der Datenautobahn verletzen. Witze können schnell als Beleidigung aufgefasst werden, weil Mimik und Gestik fehlen.

Worte sollten nicht durch komplette Großschreibung hervorgehoben werden, weil dies im Internet als Anschreien verstanden wird. Konsequentes Verwenden kleiner Buchstaben erschwert dagegen die Lesbarkeit.

Geben Sie eine aussagekräftige Betreff-Zeile an, damit der Empfänger Inhalt und Dringlichkeit auf den ersten Blick erkennt. Sonst riskieren Sie, dass Ihre Mail spät oder gar nicht gelesen wird. Sinnvoll sind Stichworte zum Thema oder Terminhinweise. Ein schlichtes »Hallo« in der Betreff-Zeile verlockt nicht zum Öffnen!

Hängen Sie eine Signatur mit Ihrem vollständigen Namen samt Funktionsbezeichnung, Firmennamen, internationaler Telefon- und Faxnummer sowie Post- und E-Mail-Adresse an. In Firmen verwendete Mail-Programme generieren diese Angaben automatisch. Eingescannte Unterschriften kosten Kapazität und bilden ein Sicherheitsrisiko! Unbedingt beachten: Keine vertraulichen Nachrichten mailen. Datensicherheit ist selbst bei verschlüsselten Mails nicht gewährleistet.

Bewerben Sie sich dann per E-Mail, wenn der potenzielle Arbeitgeber dazu auffordert. In Inseraten stehen entsprechende Hinweise, im Internet-Auftritt von Unternehmen ebenfalls.

Überflüssige E-Mails kosten Zeit und Geld. Halten Sie den Verteiler deshalb klein. Überlegen Sie genau, wem Sie Kopien schicken. Wer ständig Nachrichten an einen ellenlangen Verteiler versendet, kommt schnell in den Ruf eines Wichtigtuers und macht sich unbeliebt.

Kontrollieren Sie mindestens zweimal täglich den Posteingang in Ihrem Mail-Briefkasten.

Wann elektronische Post fehl am Platze ist

Zu Feiern sollten Sie persönlich oder schriftlich einladen. Das ist stilvoller als auf elektronischem Weg. Anders sieht es mit Einladungen zu Arbeitsbesprechungen oder Veranstaltungen innerhalb einer Firma aus, wenn regelmäßig per Mail korrespondiert wird.

Für Glückwünsche bietet sich im Geschäftsleben eher der klassische Brief an. Dagegen sind im privaten Bereich durchaus Mail-Glückwünsche möglich. Internet-Provider bieten entsprechende Postkarten an. Ganz Kreative gestalten eigene Karten.

Kondolieren per E-Mail ist tabu.

Bearbeiten Sie E-Mails schnell. Antworten Sie möglichst innerhalb von 24 Stunden oder geben Sie einen Zwischenbescheid. Falls Sie längere Zeit abwesend sind, aktivieren Sie den Abwesenheitsagenten. Dort können Sie das Datum Ihrer Rückkehr und/oder Namen, Telefonnummer und E-Mail-Adresse Ihrer Vertretung angeben. Andere Möglichkeiten sind automatische Umleitung an Kollegen oder Sekretariat und Delegation. Dazu muss eine Zugangsberechtigung eingerichtet sein.

Zitieren Sie in Antwort-Mails ausschließlich Passagen, auf die Sie sich beziehen. Ganze Mails zu wiederholen ist selten Sinn der Sache. Es macht Mails länger und unübersichtlicher.

Versenden Sie Datei-Anhänge möglichst nur nach Aufforderung. Erkundigen Sie sich vorher, ob der Empfänger die notwendige Software zum Öffnen der Datei hat und wie groß der Anhang sein darf. Server verfügen häufig über eine Sperre, die Dateien von einer bestimmten Größe an automatisch zurückschickt.

Beim Versand von Mails in andere Zeitzonen sollten Daten ausgeschrieben und die eigene Zeitzone ergänzt werden, zum Beispiel MEZ.

Um Stimmungen auszudrücken, können Sie Emoticons verwenden. Emoticons bitte nur in privaten E-Mails verwenden. Hier eine kleine Auswahl:

:-)	glücklich
:-(	traurig
8-o	entsetzt, empört
(:-...	schlechte Nachrichten
:-&	sprachlos
:-)))	witzig
:+)	volltrunken
>:->	sehr ängstlich
<:-<	verrückt
:-@	brüllen
:- /	»na ja«

Handy

Wenn es irgendwo in der Umgebung piepst, ist für die meisten klar: »Aha, mein Handy«, und auf der Suche nach dem guten Stück beginnt ein hektisches Wühlen in Jackett- und sonstigen Taschen. Anderen Menschen wiederum geht die Piepserei auf die Nerven. Sie fühlen sich vom ständigen Klingeln um sie herum und dem unfreiwilligen Mithören der Gespräche gestört.

So eher nicht!

Nehmen Sie Rücksicht auf solche Befindlichkeiten und verzichten Sie darauf, immer und überall erreichbar zu sein.

Suchen Sie sich zum Telefonieren einen ruhigen Ort. So bleibt auch Vertraulichkeit gewahrt. Nicht jeder will/soll hören, dass die Verhandlungen mit dem Kunden auf der Kippe stehen oder die Nacht mit der neuen Disko-Bekanntschaft superheiß war.

Wer dauernd herumtelefoniert, wirkt schlecht organisiert. Das schadet dem Image.

Für die Handy-Höflichkeit gelten ähnliche Grundregeln wie beim Telefonieren im Festnetz:

● Wenn Sie einen Anruf annehmen, melden Sie sich mit Namen. In Besprechungen sollten Sie nur Anrufe annehmen, die sich auf die Verhandlung beziehen. Sagen Sie Ihrem Gesprächspartner vorher, dass Sie einen Anruf erwarten. Alles andere könnte Ihr Gegenüber als Desinteresse ihrerseits interpretieren. Das Gleiche gilt für private Treffs.

● Wenn es klingelt, entschuldigen Sie sich und nehmen Sie den Anruf an.

● Schalten Sie das Handy in Museen, Kinos, Theatern, Konzerten, Seminaren und Vorträgen aus. Wollen Sie trotzdem erreichbar sein, empfiehlt es sich, den Vibrationsalarm einzuschalten. Er verhindert das peinliche Piepsen.

● In Kirchen und auf Beerdigungen sind Handys absolut tabu. Lassen Sie das Mobiltelefon aus, besser noch im Auto oder zu Hause.

● In einigen Restaurants können Sie das Handy beim Servicepersonal hinterlegen. Bei Anrufen werden Sie auf Wunsch informiert oder die Anrufe notiert. Während des Essens haben Handys auf dem Tisch nichts zu suchen, und ständiges Telefonieren am Tisch ist sowieso unhöflich: Löffel im Mund und Handy am Ohr machen den besten Auftritt zunichte.

In Krankenhäusern, Arztpraxen, Flugzeugen, in Bahnhöfen und an Tankstellen ist das Telefonieren mit dem Handy aus Sicherheitsgründen verboten. Halten Sie sich daran!

Kurz und knackig – Gut gesimst

Der Short Message Service, kurz SMS, gehört zu den am meisten genutzten Handy-Funktionen. Mittels dieser Kurznachrichten kann man Termine vereinbaren, Liebesgrüße verschicken oder schlicht »Hallo« simsen.

Die Nachrichten im Telegrammstil werden an Handy, Fax oder E-Mail-Adressen versandt. Geschäftlich kann SMS überall da nützlich sein, wo Menschen viel unterwegs sind. So setzt ein großes Chemieunternehmen SMS zur besseren Koordination von Kundenbesuchen seiner Außendienstmitarbeiter ein. Die hessische Polizei testete den SMS-Versand von Verkehrsmeldungen an Autofahrer.

Die sofortige Zustellung von Kurzmitteilungen funktioniert nur, wenn das Empfänger-Handy eingeschaltet ist. Falls nicht, speichert der Computer des Providers die SMS. Mitunter werden sie nach einer gewissen Zeit gelöscht.

Aus technischen Gründen ist die Zahl der SMS-Zeichen begrenzt. Deshalb werden Akronyme – Kurzwörter – verwendet, die aus dem Internet-Chat bekannt sind. Die Kurzwörter stammen meistens aus dem Englischen, zum Beispiel steht »imo« für »in my opinion«, meiner Meinung nach. Punkte und Kommas fehlen oft. Trotzdem muss sich der SMS-Schreiber auf die Kernbotschaft konzentrieren, wenn sein Daumen über die Handy-Tasten flitzt. Für formvollendete Kommunikation mit kompletter Anrede, Grußformel und freundliche Worte bleibt wenig Raum.

- Bei Geschäftspartnern und Vorgesetzten sollten Sie nicht auf »Sehr geehrte ...« und »Mit freundlichen Grüßen« verzichten.
- Bei Freunden und Bekannten können Sie sich umständliche Grußformeln schenken.
Akronyme ersetzen Worte:

cu	see you (man sieht sich);
luv	love (Liebe);
ga	go ahead (weiter);
4u	for you (für dich);
2L8	too late (zu spät);
brb	be right back (bin gleich wieder da);
hdl	hab dich lieb;
hdgdl	hab dich ganz doll lieb.

- Der Austausch von SMS empfiehlt sich geschäftlich erst, wenn sich beide Seiten einigermaßen gut kennen. Sonst könnte der Geschäftspartner die knappe Form als unfreundlich empfinden.

- Ganz auf das Simsen verzichten sollten Sie bei Menschen, die zwar mit dem Handy telefonieren können, aber mit seinen anderen Funktionen nicht vertraut sind.

- Damit der Adressat sofort weiß, wer ihm schreibt, stellen Sie Ihren Namen und Ihre Firma an den Anfang. Nicht jeder erkennt Sie an Ihrer Handynummer.

- Knappe Antworten können darauf hindeuten, dass Sie jemanden gestört haben oder er keinen Kontakt mit Ihnen wünscht.

- Der Piepston bei Empfang und Eingabe von SMS stört in den meisten Situationen. Schalten Sie deshalb den Tastatur-Quittungston aus.

- Kondolieren per SMS ist absolut tabu!

- Achtung, Rempelgefahr: Beim Eintippen unterwegs sind Kollisionen mit Passanten fast unvermeidlich. Da hilft nur noch eine freundliche Entschuldigung.

- Vorsicht mit derbem Humor und schlüpfrigen Sprüchen.

Haller, Andy: SMS-Messages. Niedernhausen 2000.

Der rege Austausch von SMS im Beisein von Dritten ist unhöflich. Egal, ob in Besprechungen, beim Essen oder bei privaten Besuchen. Genauso unhöflich ist es, während einer Unterhaltung immer wieder den Blick zum Handy abschweifen zu lassen, um Ausschau nach einer SMS zu halten, oder gar einzutippen. Sie zeigen damit Ihrem Gegenüber, dass er Ihnen nicht so wichtig ist.

Mobilfunkbetreiber arbeiten intensiv an der Weiterentwicklung von SMS. Der neue Trend heißt MMS, Multimedia Messaging Service. Er soll Text-, Bild- und Tonversand über Handy ermöglichen. Voraussetzung ist ein MMS-fähiges Handy.

www.mediensprache.net: Übersicht zu den Studien über den Sprachgebrauch in der elektronischen Kommunikation.

Spielend organisiert

Elektronische Organizer ersetzen im Büroalltag zunehmend Kalender, Adressbuch und Telefonliste. Mit dem Organizer lassen sich Termine von überall her mühelos mit im PC installierten Kalendern vergleichen und updaten, sodass kein Terminwirrwarr mehr entstehen dürfte. Außerdem erinnern sie Ihren Besitzer mittels Piepton an Verabredungen und zeigen den Eingang neuer E-Mails. Sie bieten Internetzugang, Word- und Excel-Dokumente können mitgenommen und bearbeitet werden. Bei allen Vorteilen trifft auf Organizer das Gleiche zu wie auf Handy und SMS: Ihr Piepton stört.

Besitzer von Organizern nutzen die eingebauten Spiele gerne, um sich in Konferenzen die Zeit zu vertreiben. Den anderen Sitzungsteilnehmern gegenüber ist das unhöflich, weil es allzu deutlich Desinteresse verrät. Daher Organizer nicht als Spielzeug zweckentfremden, wenn Sie sich in Sitzungen langweilen.

Ohr am Rohr

Telefonieren ist die wohl beliebteste Art, zu kommunizieren. Weil Gestik und Mimik fehlen, ist hier die Stimme besonders wichtig. Ihr Klang signalisiert, ob jemand hektisch, gereizt, gelangweilt oder glücklich ist. Gerade im Umgang mit Kunden und Geschäftspartnern hat der Spruch »Der Ton macht die Musik« immer noch Gül-

tigkeit. Wenn Sie also gut rüberkommen wollen, lächeln Sie beim Sprechen, Ihre Stimme klingt dann besonders freundlich.

Heben Sie den Hörer möglichst beim zweiten oder dritten Klingeln ab. Dann melden Sie sich mit »Guten Tag«, es folgen Firmenname, Vor- und Nachname. Die Reihenfolge kann variieren. Vermeiden Sie Floskeln wie »Einen wunderschönen guten Tag. Was kann ich denn heute für Sie tun?«. Das klingt antrainiert und aufgesetzt. Der formelle Abschiedsgruß lautet »Auf Wiederhören«. Vorsicht mit dem vertraulichen »Tschüss« bei geschäftlichen Telefonaten mit völlig Fremden.

In Deutschland meldet man sich auch privat immer mit Namen. Andere Länder, andere Sitten: Der Brite sagt zuerst seine Nummer, der Franzose »Hallo«, der Spanier »Ola«, der Italiener »Pronto«.

Konzentrieren Sie sich während des Telefonats auf Ihren Gesprächspartner. Spielen Sie weder am Computer, mit dem Kugelschreiber noch mit Papieren auf dem Schreibtisch. Das lenkt ab und wird genauso registriert wie im Hintergrund dudelnde Radios und Fernseher. Verzichten Sie darauf, zu essen, zu trinken oder zu rauchen. Der Teilnehmer am anderen Ende der Leitung will das Schmatzen ganz bestimmt nicht hören.

Am besten telefoniert es sich im Stehen oder mit aufgerichtetem Oberkörper. Es entlastet die Muskulatur, die Stimme klingt entspannter. Wenn Sie sich im Sessel lümmeln, ist das deutlich zu hören, weil diese Haltung auf Zwerchfell und Stimmbänder drückt.

Wenn Sie in einer Besprechung sind, sollten Sie möglichst alle Telefonate umleiten oder die Mail-Box einschalten. Falls es doch mal klingelt, entschuldigen Sie sich bei Ihrem Gegenüber. Dann greifen Sie kurz zum Hörer, sagen dem Anrufer, dass Sie in einer Besprechung sind und bieten einen Rückruf an. Den natürlich nicht vergessen!

Jagen Sie einen Anrufer nicht durch das Gespräch: Sprechen Sie nicht zu schnell und hektisch, sonst vermitteln Sie ihm das unangenehme Gefühl, der Anruf komme ungelegen. Sollte das tatsächlich der Fall sein, sagen Sie es. Bitten Sie um einen späteren Anruf oder bieten Sie einen Rückruf an.

Rufen Sie selbst an, fragen Sie, ob Ihr Anruf stört. »Haben Sie gerade Zeit für mich?« Dabei können Sie ankündigen, dass das Gespräch eventuell länger dauert.

Haben Sie den Namen eines Anrufers nicht verstanden, fragen Sie noch einmal nach mit den Worten »Wie *ist* Ihr Name bitte?« – auf keinen Fall mit »Wie *war* Ihr Name?« – oder lassen Sie sich den Namen buchstabieren. Dann können Sie sich den Namen in der richtigen Schreibweise notieren, den Anrufer im Laufe des Gesprächs mit seinem Namen anreden und ihn so am Ende verabschieden.

● Lassen Sie Anrufer nicht ewig in der Warteschleife hängen.

● Klappt das Weiterverbinden nicht sofort, geben Sie dem Anrufer einen Zwischenbescheid und dann Zeit, zu sagen, ob er weiter warten, später noch mal anklingeln oder zurückgerufen werden will. Vielleicht können Sie ihm auch selbst weiterhelfen oder ihn mit einem anderen Kollegen verbinden. Fragen Sie!

● Telefonnotizen für einen Rückruf sollten folgende Infos enthalten: Datum, Uhrzeit, Vor- und Nachname des Anrufers, Firmenname, möglichst Grund des Anrufs.

Tipp: Schreiben Sie unbedingt die Telefonnummer auf, damit der Empfänger der Notiz ohne langes Suchen sofort anrufen kann. Bei ISDN steht die Nummer im Display.

● Lassen Sie jemandem eine Telefonnotiz über das Sekretariat oder über einen Kollegen zukommen, bitten Sie sicherheitshalber, Ihren Namen, Nummer und Ihre Nachricht zu wiederholen. Das hilft, bei Gesprächen mit ausländischen Partnern Missverständnissen vorzubeugen.

● Versprechen Sie einen Rückruf nur, wenn Sie diese Zusage einhalten können.

● Führen Sie möglichst keine privaten Telefonate im Büro und erst recht nicht auf Kosten Ihres Arbeitgebers.

Bekommen Sie während eines Telefonats Besuch, sollten Sie das Gespräch möglichst schnell, aber freundlich beenden. Andererseits: Betreten Sie ein Zimmer, in dem jemand telefoniert, gehen Sie wieder hinaus. Sie können auch so tun, als ob. Der Telefonierende wird Ihnen dann schon signalisieren, ob Sie bleiben können.

Wenn Sie während eines Telefonats den Lautsprecher einschalten möchten, dann lassen Sie das Ihren Gesprächspartner wissen. Sollen Dritte zuhören, bitten Sie den Gesprächspartner um sein Einverständnis und stellen ihm die Zuhörer vor.

Anruf zur rechten Zeit

Im Beruf und bei Behörden gelten die offiziellen Geschäftszeiten. Privat an Werktagen möglichst nicht vor 9.00 Uhr und nicht nach 20.30 Uhr anrufen. Sonntags nicht vor 10.00 Uhr anrufen. Als Störung werden oft Anrufe zu Zeiten der Hauptnachrichtensendungen (19.00 Uhr und 20.00 Uhr) im Fernsehen empfunden. Beachten Sie bei privaten Anrufen die Mittagsruhe zwischen 13.00 und 15.00 Uhr. Für Telefonate ins Ausland sollten Sie an die Zeitunterschiede denken. Machen Sie sich schlau, welche Ortszeit bei Ihrem Gesprächspartner gerade ist. Nichts ist peinlicher, als ihn »drüben« zu nachtschlafender Zeit aus dem Bett zu scheuchen! Die jeweilige Ortszeit können Sie auch im Internet nachschauen:

www.zeitzonen.de: Alle Kontinente, Zeitunterschiede zu MEZ.
www.weltzeituhr.com: Internationale Zeitangaben plus Erläuterungen von Fachbegriffen zur Zeit und Reise-Infos.

Störenfried

Das ist Ihnen bestimmt schon passiert: Ihr Handy klingelt, während Sie gerade über Festnetz telefonieren. Es ist eine Unsitte, dann das Gespräch mit der Bemerkungen zu unterbrechen: »Mein Handy klingelt. Ich geh schnell mal dran.« Ihr Gesprächspartner hat allen Grund, sauer zu sein. Schalten Sie das Handy aus und beenden Sie konzentriert das Telefonat. Am besten vermeiden Sie solche Situationen, indem Sie das Handy stummschalten. Anhand der gespeicherten Nummer können Sie später nachsehen, wer angerufen hat, und zurückrufen.

Viele auf einen Streich

Telefonkonferenzen funktionieren nur, wenn alle Beteiligten mit den Tücken der Technik vertraut sind. Starten Sie vorher einen Testlauf. Fragen Sie zum Auftakt, ob sich alle untereinander verständigen und hören können. Als Organisator stellen Sie sich und die Teilnehmer kurz vor. Während des Gesprächs sollten sich die Teilnehmer nicht gegenseitig ins Wort fallen.

Sprechender Bandwurm

Die Ansage auf Anrufbeantwortern und Mail-Boxen sollte freundlich, sachlich und kurz sein mit einem Gruß und Dank für den Anruf.

 Flotte Sprüche und heiße Rhythmen passen nicht zu geschäftlich genutzten Anrufbeantwortern. Zu Hause sind sie Geschmackssache.

Wenn Sie selbst eine Nachricht auf einen Anrufbeantworter sprechen,

- reden Sie deutlich und langsam, damit der Angerufene später Ihre Mitteilung in Ruhe notieren kann. Nennen Sie Ihren Namen, die Telefonnummer, unter der Sie zurückgerufen werden möchten, sowie Datum und Uhrzeit Ihres Anrufs. Manchmal ist es hilfreich, eine Rückrufzeit anzugeben.
- Wer um einen Gefallen bitten möchte und an einen Anrufbeantworter gerät, nennt seinen Namen und teilt mit, dass er sich später noch einmal meldet. Denken Sie an die Telefonkosten des anderen.
- Einen versprochenen Rückruf zu versäumen ist stillos.

 Bitten Sie einen Gesprächspartner im Ausland um Rückruf, geben Sie die internationale Ländervorwahl und die Vorwahl des Ortes an. Die Null als Ziffer vor der Ortskennzahl fällt weg. Also: 0049 für Deutschland, 69 statt 069 für Frankfurt, dann folgt Ihre Rufnummer.

Keine Faxen mit den Faxen

Faxe bieten eine Möglichkeit, Papiere schnell von einem Ort zum anderen zu senden. Das ist vor allem dann sinnvoll, wenn es um viele Seiten geht. Der Empfänger kann sie sofort lesen, damit arbeiten und eventuell mit Anmerkungen zurückfaxen. Faxe sind formloser als ein Brief. Sie können

● mit der Hand geschrieben oder handschriftlich ergänzt sein. Vorausgesetzt, die Handschrift ist lesbar.

● Ein Deckblatt mit Anschrift und Absender ist unnötig, beides kann auf dem ersten Textblatt stehen. Es gibt für solche Angaben vorgefertigte Etiketten, die einfach auf das Deckblatt geklebt werden.

Tipp: Vermerken Sie die Anzahl der gefaxten Seiten deutlich sichtbar auf dem Deckblatt. So kann der Empfänger sofort überprüfen, ob alles vollständig angekommen ist.

● Fax-Seiten sollten wenig dunkle Fläche haben, weil sonst die Übertragungszeit erheblich verlängert wird. Fotos, Grafiken und Ähnliches eignen sich kaum zum Faxen. Abgesehen vom Zeit- und Geldfaktor sind sie beim Empfang in der Regel schlecht zu erkennen.

● Gesagt, getan: Wenn Sie versprechen, umgehend ein Fax zu schicken, tun Sie es auch sofort. Der Empfänger wartet genauso ungern wie Sie.

● Vorsicht Mitleser: Keine vertraulichen Mitteilungen faxen.

● Für Einladungen und Glückwünsche ist der Brief stilvoller.

● Kondolieren per Fax ist absolut tabu!

Dos and Don'ts

Dos
● In E-Mails unbedingt die Rechtschreibung beachten. An Anrede und Grußformel denken.

● Telefonieren Sie öfters im Stehen, das entspannt.

- Die Ansage auf Anrufbeantwortern so oft wie nötig aktualisieren.
- Es macht einen guten Eindruck, ein Fax zu unterschreiben.
- Schalten Sie das Handy ab und zu mal aus.
- Sprechen Sie langsam, damit Ihr Gesprächspartner Sie gut verstehen kann.
- Fassen Sie sich kurz beim Telefonieren.

Don'ts
- Private Handy-Telefonate dort erledigen, wo alle mithören können/müssen.
- Kondolieren per E-Mail, SMS und Fax.
- Verschicken von Werbefaxen.
- Den Telefonhörer aufknallen, selbst wenn Sie noch so sauer sind.
- Ein fremdes Telefon benutzen, ohne vorher zu fragen.
- Surfen Sie nicht stundenlang privat auf Kosten Ihres Arbeitgebers durchs Internet.
- Tauschen Sie keine Intimitäten per E-Mail aus.

Alles klar? – Quiz

Wie heißen die Zeichen, die beim Simsen und Mailen ohne Worte Gefühle ausdrücken?

- ☐ Erotikons.
- ☐ Emoticons.
- ☐ Esoterikon.

Wie meldet sich ein Italiener am Telefon?

- ☐ Ola.
- ☐ Hi.
- ☐ Pronto.

Wofür steht die Abkürzung SMS?

- ☐ Short Message Service.
- ☐ Schnell mal schreiben.
- ☐ Selbst mehr singen.

Was sollte nicht gefaxt werden?

- ☐ Glückwünsche.
- ☐ Vertrauliche Papiere.
- ☐ Liebesbriefe.

Welche Angabe soll die Bandansage auf dem Anrufbeantworter unbedingt enthalten?

- ☐ Wohnort.
- ☐ Guten Tag.
- ☐ Name des Anschlussinhabers.

Wie heißt das Handy in Amerika?

- ☐ Handy.
- ☐ Mobile Phone.
- ☐ Cellular Phone.

Wofür steht die Abkürzung www?

- ☐ World Wide Web.
- ☐ Was wann wo.
- ☐ Wieso weshalb warum.

Wann ist in Deutschland Mittagspause für private Anrufe?

- ☐ 11 bis 13 Uhr.
- ☐ 12 bis 16 Uhr.
- ☐ 13 bis 15 Uhr.

Dinieren mit Manieren

Tischsitten haben sich über Jahrhunderte entwickelt. Sie sind beeinflusst vom Zeitgeist und fremden Kulturkreisen, die wiederum ihre eigenen Tischregeln pflegen. Was in Deutschland als gut und richtig empfunden wird, kann in anderen Ländern Befremden auslösen. Es gibt jedoch allgemein gültige internationale Gepflogenheiten, mit denen wir Sie vertraut machen möchten. Besonderheiten einzelner Kulturen werden wir streifen. Die Tipps sollen Ihnen helfen, den Tritt ins Fettnäpfchen zu vermeiden.

www.gastronomische-akademie.de: Versteht sich als Kompetenzzentrum für Kultur und Geschichte der Gastronomie, Kochkunst, Tafelkultur.

Test-Essen

Unternehmen laden Bewerber gerne zum Essen ein. Künftige Chefs nutzen diese Gelegenheit, um das Auftreten von Kandidaten außerhalb der Firma auf Herz und Nieren zu prüfen. Manchmal wird der Partner mit eingeladen. Vor allem dann, wenn es um Positionen mit Repräsentationsaufgaben geht. Von der scheinbar lockeren Atmosphäre im Restaurant sollten sich Bewerber jedoch nicht täuschen lassen. Der Eindruck, den der potenzielle Mitarbeiter am Tisch hinterlässt, kann über hopp oder top entscheiden. Achten Sie deshalb auf Stolperfallen! Die erste lauert schon beim Aperitif. Verzichten Sie unbedingt auf einen solchen alkoholischen Appetitanreger. Stattdessen bestellen Sie besser Saft oder Wasser. Bei dieser Entscheidung sollten Sie selbst dann bleiben, wenn Ihr Gastgeber während des Essens Alkohol trinkt und Sie zum Mittrinken überreden will. Lehnen Sie dankend ab! Begründen müssen Sie das nicht.

Haben Sie als Gast bei den Speisen die Preise im Blick. Es bietet sich der goldene Mittelweg an – nicht gerade das Teuerste nehmen, aber auch nicht das Billigste aus der Karte aussuchen. Manchmal gibt der Gastgeber einen Fingerzeig, indem er Ihnen etwas empfiehlt. In dieser Preiskategorie sollten Sie sich bewegen. Lässt er Sie im Unklaren, bestellen Sie am besten erst einmal nur ein Hauptgericht. Vor- und Nachspeise können Sie ordern, wenn der Gastgeber Sie dazu auffordert.

Gehen Sie beim Essen auf Nummer sicher: Wagen Sie keine Experimente mit Speisen, die Sie nicht kennen oder die unfallträchtig sind und im schlimmsten Fall das Outfit ruinieren können. Diese Gefahr droht auch, wenn Sie zu hastig essen.

Falls Sie nicht wissen, was sich hinter gastronomischem Fachchinesisch auf der Speisekarte verbirgt, fragen Sie einfach.

Meckern Sie nicht über das Essen oder die Bedienung. Wenn es gemundet hat, dürfen Sie gerne die Küche loben. Das freut alle Beteiligten. Und egal ob es geschmeckt hat oder nicht, bedanken Sie sich für die Einladung.

Am Tisch

Während des Essens sollen sich alle wohl fühlen. Das heißt nicht, dass Sie sich so bequem einrichten wie am heimischen Küchentisch. Bewahren Sie Haltung. Bleiben Sie gerade sitzen. Rutschen Sie nicht mit jedem Bissen tiefer unter den Tisch. Greifen Sie nicht quer über den Tisch oder Nachbars Teller, um an Brotkorb oder Gewürze zu kommen. Lassen Sie sich diese Dinge anreichen.

Weder gehören die Ellenbogen auf den Tisch noch die Beine unter dem Tisch übereinander geschlagen oder um die Stuhlbeine geschlungen. Lassen Sie die Schuhe auf jeden Fall an. Sie wären nicht der oder die Erste, der am Ende des Mahls verzweifelt und zum Amüsement der übrigen Gäste nach dem zweiten Exemplar hangelt oder feststellen muss, dass nach dem langen Tag die Füße einfach nicht mehr in die todschicken engen Pumps passen wollen.

Aus hygienischen Gründen haben auf einem gedeckten Tisch nur Dinge etwas zu suchen, die mit Speis und Trank zu tun haben. De-korieren Sie deshalb den Tisch nicht mit Brillen, Fotoapparaten, Organizern, Rauchutensilien oder Ähnlichem. Das Handy bleibt ausgeschaltet in der Tasche. Handtaschen können Sie an den Stuhl hängen oder auf den Boden stellen, aber bitte keine Fußangeln auslegen. Kleine Abendtaschen finden auf dem Schoß unter der Serviette Platz. Damen dürfen sich nach dem Essen diskret am Tisch die Lippen nachziehen, sofern sie dieses Kunststückchen ohne Spiegel beherrschen. Für alle weiteren kosmetischen Aktionen ist der Waschraum da.

Manche Restaurants bieten einen Handysitter-Service an: Sie geben das Handy bei der Bedienung ab, die Sie informiert, sobald ein erwarteter Anruf kommt.

Im Restaurant – Regie und Service

Im Restaurant führt der Gastgeber Regie. Das beginnt laut Dreh-buch mit Betreten des Lokals. Traditionell öffnet der Herr der Dame die Tür, lässt sie eintreten und übernimmt dann die Führung. Ist die Dame Gastgeberin, geht sie im Restaurant vor. Der Gastgebende meldet sich beim Service, der den reservierten Tisch zeigt.

»Wait to be seated«: In den USA werden Sie platziert. Sich selbst einen Platz zu suchen gilt als ausgesprochen unhöflich. (s. S. 126ff.)

An der Garderobe helfen die Herren den Damen aus dem Mantel, bevor sie ihren eigenen Mantel ausziehen. Falls der Kellner Sie nicht zum Tisch geleitet, führen Sie Ihre Gäste dorthin.

Diese Aufgabe übernimmt selbstverständlich auch eine Gastgeberin. Unausgesprochen macht sie damit dem Personal noch einmal klar, dass sie Ansprechpartnerin ist und am Ende die Rechnung präsentiert bekommt. Am Tisch dirigiert der Einladende seine Gäste an die Plätze. Hier greifen die Herren ein zweites Mal zu: Sie rücken den Damen die Stühle zurecht.

Qual der Wahl

Nun tritt der Service in Aktion. Er verteilt die Speise- und Getränkekarten, spricht vielleicht Empfehlungen aus und nimmt die Bestellung für den Aperitif auf. In der Gastgeberrolle sind Sie den Gästen bei der Menüwahl behilflich, indem Sie verschiedene Gerichte vorschlagen. Gleichzeitig eine prima Möglichkeit, den preislichen Rahmen abzustecken.

Der Kellner kommt erst wieder an den Tisch, wenn alle die Speisekarte aus der Hand gelegt haben. Es ist am einfachsten, wenn jeder Einzelne für sich ordert. Der Gastgeber ist zum Schluss an der Reihe. Er bestellt die Getränke.

In sehr noblen Restaurants kann es sein, dass die Gäste – im Unterschied zum Einladenden – eine Karte ohne Preise bekommen. Sie sollen unvoreingenommen auswählen können. Diese Geste der Gastfreundschaft wird im Ausland weitaus öfter praktiziert als in Deutschland.

In der nächsten Szene wird aufgetischt. Die Getränke kommen zuerst: Sie werden von rechts eingeschenkt oder eingesetzt. Anschließend wird das Essen aufgetragen. Tellergerichte setzt der Service von rechts ein. Von links reicht er Schüsseln und Platten an, aus denen Sie sich selbst bedienen oder der Service mit Löffel und Gabel vorlegt.

Sie sollten sofort reklamieren, wenn etwas nicht in Ordnung ist, und nicht erst, wenn Sie bereits die Hälfte verspeist oder getrunken haben. Geht es ans Abräumen, dürfen Sie dem Service zwar schwer erreichbares Geschirr anreichen, aber Teller und Schüssel nicht stapeln wie zu Jugendherbergszeiten.

Zahlemann & Söhne

Zu guter Letzt wird Ihnen die Rechnung so vorgelegt, dass die Gäste keinen Blick darauf werfen können. Zum Beispiel in einer Mappe. Nach kurzem, diskretem Prüfen legen Sie Bargeld oder Ihre Kreditkarte hinein. Noch diskreter ist es, zum Bezahlen den Tisch zu verlassen oder die Rechnung nach vorheriger Absprache an die Firma schicken zu lassen. Falls jeder selbst bezahlt und getrennte Rechnungen gewünscht sind, sagen Sie das dem Servicepersonal gleich bei der Bestellung. Das erspart am Schluss mühsame Rechenexempel.

Trinkgeld geben Sie in bar. Wenn der Service mit Quittung und Restbetrag zurückkommt, nehmen Sie beides und legen dann das Trinkgeld in die Mappe. In Deutschland sind es fünf bis zehn Prozent der Rechungssumme. Das gilt auch beim Bezahlen mit Kreditkarten. Der Eintrag in die Rubrik »Tip« des Kreditkartenbelegs stellt nur eine Notlösung dar.

In den USA sind zehn bis zwanzig Prozent Trinkgeld üblich (s. auch S. 126ff.). Es ist die wichtigste Einnahmequelle des Personals. Bedienungsgeld ist – anders als in Deutschland – nicht im Preis inbegriffen.

Messer, Gabel, Schere, Licht ...

Das Gedeck wird in der Fachsprache Couvert genannt. Es besteht aus Serviette, Brotteller, Besteck, Gläsern und eventuell einem Platzteller mit einem Klapperdeckchen, das die Geräusche beim Einsetzen des Geschirrs dämpft. Auf den ersten Blick wirkt die Vielzahl der Tischgeräte verwirrend.

Aber alles hat eine Ordnung und einen praktischen Sinn. Links liegen die Gabeln, höchstens drei. Daneben steht der Brotteller mit dem Buttermesser. Rechts ist Platz für Messer, Fischmesser, Suppenlöffel und eventuelle Spezialbestecke. Oberhalb des Platztellers befindet sich das Dessertbesteck, meist Gabel und Löffel.

Bei der Benutzung des Bestecks arbeiten Sie sich von außen nach innen vor. Hände weg vom Dessertbesteck! Es sollte nach dem Hauptgang vom Service neben den Teller gezogen werden.

Über den Messern sind die Gläser in der Reihenfolge angeordnet wie sie traditionell benutzt werden: Rechts außen steht das Wasserglas, links daneben das Weißweinglas, dann kommt das Rotweinglas. Sind weitere Getränke vorgesehen, wird nachgedeckt. Unpraktischerweise steht in vielen Restaurants das Wasserglas hinter den Weingläsern.

 Linkshänder können bei jedem Gang die Besteckteile austauschen. Brotteller und Gläser bleiben, wo sie sind.

Sprechen mit Besteck

Während der Unterhaltung bei Tisch ist es unhöflich, mit dem Besteck zu gestikulieren. Legen Sie Messer und Gabel gekreuzt oder

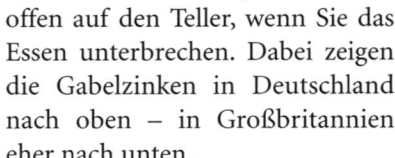

offen auf den Teller, wenn Sie das Essen unterbrechen. Dabei zeigen die Gabelzinken in Deutschland nach oben – in Großbritannien eher nach unten.

Messer und Gabel parallel am rechten Tellerrand nebeneinander gelegt bedeutet: »Ich bin fertig. Es kann abgeräumt werden« – auch wenn der Teller noch fast voll ist.

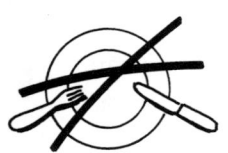

Stützen Sie Besteck nie seitlich auf den Tellerrand. Benutztes Besteck soll wegen Kleckergefahr die Tischdecke nicht mehr berühren. Anstandsreste sind nicht mehr üblich. Sie können mit dem Essen aufhören, sobald Sie satt sind.

Vom Gebrauch des Mundtuchs

Erasmus von Rotterdam schrieb 1530: »Wenn eine Serviette gegeben wird, lege sie links über die Schulter oder den Arm. Die fettigen Finger entweder mit dem Mund abzulecken oder am Rock abzuwischen ist gleichermaßen ungehörig. Man nehme dazu besser eine Serviette oder ein Handtuch.«

An Sinn und Zweck des Mundtuchs hat sich nichts geändert. Heute wird es nur anders gehandhabt. Die Serviette steht meistens kunstvoll gefaltet in der Mitte des Gedecks. Von dort wird sie weggenommen, zur Hälfte gefaltet und auf den Schoß gelegt. Auf keinen Fall wird die Serviette um den Hals drapiert, seitlich in Bluse und Hemd gesteckt oder in den Bund gestopft.

Die obere Hälfte der Serviette dient zum Abtupfen der Lippen vor dem Trinken, damit sie keine unansehnlichen Fettränder am Glas hinterlassen. Fettige Lippen verfälschen den Geschmack des Weins und lassen die Schaumkrone beim Bier zusammenfallen. Der untere Serviettenteil schützt die Kleidung.

Nach dem Essen oder wenn Sie ausnahmsweise zwischen den Gängen aufstehen, legen Sie die Serviette lose zusammengefaltet neben das Gedeck. Aus hygienischen Gründen wird sie niemals auf einen Stuhl gelegt. Landet sie versehentlich auf dem Boden, bitten Sie um eine neue.

Bei einer offiziellen Einladung achten Sie auf die Gastgeberin und ihr Mundtuch. Eine Festtafel ist erst dann eröffnet, wenn die Gastgeberin die Serviette aufnimmt und zu essen beginnt. Bis dahin bleiben alle anderen Tücher auf dem Tisch. Nach dem Essen warten alle Gäste mit dem Ablegen der Serviette auf die Gastgeberin.

Papierservietten werden nach Gebrauch lose gefaltet neben den Teller gelegt und nicht etwa zerknüllt auf den Teller geworfen.

Organisatorisches

Geschäftliches lässt sich bei gutem Essen in gepflegter Atmosphäre leichter besprechen. Damit das Essen ein Erfolg wird, muss es sorgfältig vorbereitet sein. Erster Schritt ist die Auswahl des Restaurants.

> **Tipp:** Legen Sie eine Datei mit den Namen Ihrer Gäste an. Dort notieren Sie Einladungsdaten, Restaurant, Vorlieben, Abneigungen, Besonderheiten wie Vegetarier, kein Alkohol, Zigarrenliebhaber, eventuell religiöse Vorschriften. Eine solche Datei hilft, Peinlichkeiten vorzubeugen. Ihre Gäste werden diese Aufmerksamkeit zu schätzen wissen.

Richten Sie sich dabei nach den Vorlieben Ihrer Gäste. Fragen Sie vorher danach. Ausländische Besucher lernen gerne regionale Küche kennen. Voll daneben wäre es, einen Vegetarier ins Steakhaus einzuladen!

Aktuelle Restaurantführer bieten eine Orientierungshilfe. Verlassen Sie sich jedoch nicht nur auf Empfehlungen. Testen Sie lieber die Qualität bei einem Probe-Essen, oder gehen Sie in ein Restaurant, das Sie kennen. Wenn Sie häufig Gäste bewirten, sollten Sie eine Liste mit Lokalen verschiedener Preisklassen und Küchen in petto haben. Denken Sie an Ihr Budget! Lieber ein preisgünstigeres Restaurant wählen, in dem Sie dann aber alle Register ziehen können.

Restaurant-Checkliste

- ☐ Name des Restaurants.
- ☐ Adresse, Telefonnummer, Fax, E-Mail.
- ☐ Ansprechpartner.
- ☐ Öffnungszeiten.
- ☐ Vorlaufzeit für Reservierungen.
- ☐ Art der Küche: chinesisch, gut bürgerlich, italienisch, cross-over ...
- ☐ Gibt es separate Räumlichkeiten?
- ☐ Bevorzugte Plätze.
- ☐ Preiskategorie.
- ☐ Welche Kreditkarten werden akzeptiert?
- ☐ Kann die Rechnung geschickt werden?
- ☐ Parkmöglichkeiten.

Für eine Tischreservierung braucht das Restaurant Angaben zu:
- ☐ Termin, Uhrzeit.
- ☐ Zahl der Gäste.
- ☐ Hinweis auf bevorzugte Plätze.
- ☐ Name und Telefonnummer des Auftraggebers.

Um lange Wartezeiten bei der Beköstigung größerer Gruppen zu vermeiden, ist es sinnvoll, ein Menü vorzubestellen. Wählen Sie Speisen, die möglichst jedermanns Geschmack treffen. Menüvorschläge bekommen Sie vom Restaurant. Das Personal berät auch bei der Wahl der korrespondierenden Getränke. Natürlich kann auch à la carte gegessen werden. Als Gastgeber erleichtern Sie Ihren Gästen die Auswahl, wenn Sie verschiedene Speisen und Getränke empfehlen.

Vereinbaren Sie einen Termin für die Menüabsprache, denn gute Beratung braucht Zeit.

Die Schlacht am Büfett oder die andere Art, zu speisen

Selbstbedienung ist angesagt, wenn das Essen in Büfett-Form angerichtet ist. Es hat den Vorteil, dass jeder aussucht, worauf er gerade Appetit hat. Je nach Gusto können einzelne Gänge ausgelassen werden. Angeboten werden kalte oder kalt-warme Speisen. Üblich ist der Aufbau Vorspeisen/Suppen, Hauptgerichte, Käse, Dessert. In dieser Reihenfolge wählen die Gäste ihre Speisen aus.

Ein paar Regeln helfen, die berühmte Schlacht am Büfett zu vermeiden: Der Gastgeber oder die Gastgeberin eröffnet das Büfett, die Ehrengäste greifen zuerst zu, dann folgen die anderen Gäste. Diese springen nicht gleichzeitig auf, sondern gehen möglichst Tisch für Tisch zum Büfett. Die Gastgeber bedienen sich zuletzt. Bei einem Büfett mit Tischordnung geht der Gastgeber oder die Gastgeberin mit den Gästen seines Tisches zuerst und bittet den Ehrengast das Büfett mit zu eröffnen. Richtig ist, mehrmals zum Büfett zu gehen. Bitte häufen Sie nicht beim ersten Gang das komplette Menü auf den Teller, bloß weil Sie sich einen Weg oder das Anstehen ersparen wollen.

Bei einem Stehbüfett sollten die Speisen so zubereitet sein, dass sie nur mit Gabel oder Löffel gegessen werden können.

Für jeden Gang nehmen Sie frische Teller und Besteck. Benutztes Geschirr sollte der Service abräumen. Zu Hause leistet ein Abstelltisch gute Dienste. Bevor Sie Geschirr in eine fremde Küche tragen, fragen Sie den Gastgeber.

Brunch hat sich in Hotels und Restaurants als gemütliches Sonntagsangebot für Familien und Freunde etabliert. Brunch fasst Frühstück und Mittagessen (Breakfast and Lunch) zusammen. Meist treffen sich Gäste zwischen 10.30 Uhr und 12.00 Uhr, um das kaltwarme Büfett zu plündern. Angeboten wird alles – vom Frühstücksei über den Sonntagsbraten bis hin zum Kuchen –, probiert werden darf ebenfalls alles. Ein Brunch endet gegen 15.00 Uhr.

Festliches Tafeln

Wesentlich konventioneller als am Büffet oder beim Brunch geht es bei einem gesetzten Festessen oder einem Galadinner zu. Gesetzt deshalb, weil alle Gäste an einer festlich geschmückten Tafel Platz nehmen und am Tisch bedient werden. Früher war dies eine steife Angelegenheit. Heute können farbige Tischwäsche und fantasievolle Dekorationen dem Ganzen einen etwas ungezwungeneren Touch geben.

Zur Einstimmung auf das Festmahl treffen sich die Gäste zum Aperitif im Foyer oder in einem separaten Raum. Hier besteht die erste Chance zum Kennenlernen und zum Small Talk. Die Gastgeber machen möglichst viele ihrer Gäste miteinander bekannt und bringen Gespräche in Gang.

Wenn alle versammelt sind, ist für die Gastgeber der richtige Zeitpunkt für kurze Begrüßungsworte gekommen. Längere Ansprachen müssen bis nach dem Hauptgang warten. Nach etwa 30 Minuten bitten die Gastgeber zu Tisch in den Festsaal. Die Aperitifgläser werden nicht mitgenommen. Sie werden abgestellt oder vom Service eingesammelt.

Platziert

Für die Festtafel hat der Gastgeber bestimmt mit größter Sorgfalt eine Sitzordnung erstellt, die für alle Gäste verbindlich ist. Tischkärtchen, auf denen beidseitig die Vor- und Zunamen der Geladenen stehen, dienen nicht nur zum Finden des eigenen Platzes, sondern erleichtern auch das Kontakteknüpfen mit den Tischnachbarn. Respektieren Sie die Kärtchen. Sie zu verschieben wäre äußerst unhöflich. Verzichten Sie aufs Austauschen, selbst wenn Ihnen die Nase des Nachbarn nicht passt.

Nach internationalen Gepflogenheiten ist der Ehrenplatz rechts neben dem Gastgeber oder der Gastgeberin. In Deutschland kann der männliche Ehrengast auch links neben der Gastgeberin sitzen. Er ist dann ihr Tischherr. Damit übernimmt er die Pflicht, ihr beim Platznehmen den Stuhl zu rücken, aufzustehen, wenn sie den Tisch verlässt und wieder zurückkommt. Im Übrigen behandeln alle Herren ihre Tischdame so höflich.

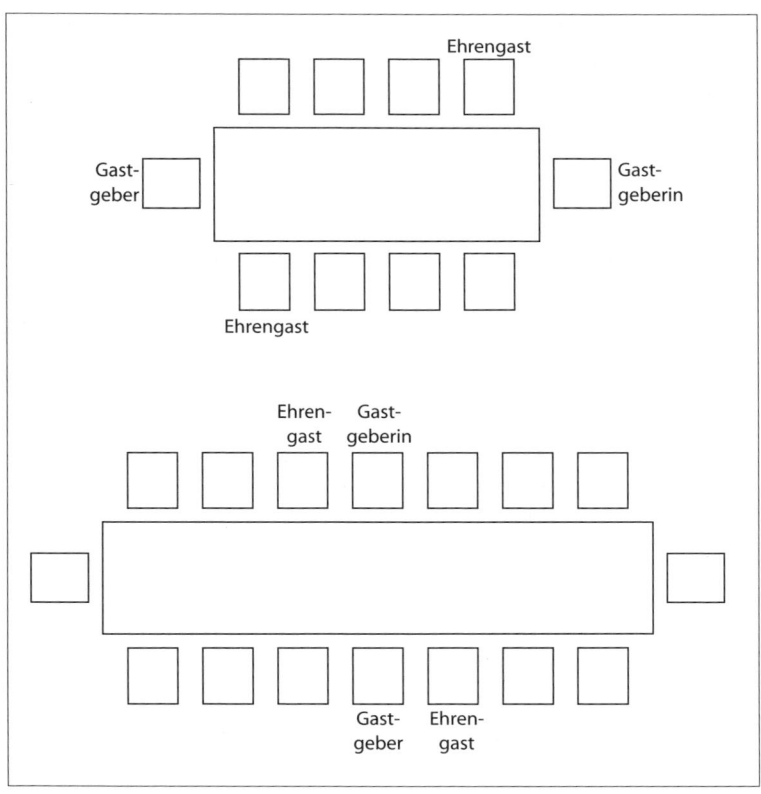

Ist an mehreren Tischen gedeckt, sitzt an jedem Tisch ein Mitgastgeber. Dies können bei privaten Anlässen Familienmitglieder sein, bei Geschäftsessen Kollegen und Mitarbeiter. Schon bei einer Gesellschaft ab 30 Personen, die an mehreren Tischen sitzen sollen, ist ein Placement hilfreich. Dieser üblicherweise nummerierte Sitz- und Tischplan steht vor dem Bankettsaal. Die Gäste je Tisch sind namentlich aufgeführt, um ihnen die Sucherei nach dem Platz zu ersparen und zu zeigen, wer noch mit ihnen am Tisch sitzt. Damit bei sehr großen Veranstaltungen alle die Übersicht behalten, sind zusätzliche Helfer an den Saaltüren sehr praktisch. Sie haben den Überblick und begleiten die Gäste zu den Tischen.

 Wählen Sie statt Tischnummern fantasievolle Namen oder zum Anlass passende Symbole. Hierarchien werden dann nicht so offensichtlich wie bei Zahlen. Für ein Fest zur Bundesgartenschau bieten sich zum Beispiel Blumennamen an. Nummern erleichtern nur bei sehr großen Veranstaltungen das Auffinden der Plätze.

Die große klassische Speisenfolge besteht aus 14 Gängen. Eine solche Vielfalt wird jedoch nur noch selten geboten, die Hälfte tut es auch:

- kalte Vorspeise
- Suppe
- warme Vorspeise
- Fisch
- Hauptgericht
- Käse
- Dessert

Ab und zu wird vor dem Hauptgang ein Sorbet gereicht – ein erfrischendes, meist alkoholisiertes Fruchteis. Das Sorbet soll die Geschmacksnerven neutralisieren. Das Eis wird im Glas serviert und ausgelöffelt, den Löffel danach auf den Unterteller zurücklegen und die Alkoholreste bitte nicht austrinken.

www.vrds.de: Dahinter verbirgt sich der Verband der Redenschreiber deutscher Sprache. Links führen zu Rhetorikseminaren von Universitäten.

Zwischen Hauptgang und Dessert hält der Gastgeber seine Tischrede. Wenn weitere Redner auf der Liste stehen, redet er vor dem Hauptgang. Der Zeitplan ist mit dem Service abzustimmen, um Chaos in der Küche und abgekühlte Speisen zu vermeiden. Geredet wird im Stehen, geendet mit einem Trinkspruch. Der Gastgeber erhebt dann sein Glas und prostet den Gästen zu.

> *Goldene Regel –*
> *nicht nur für*
> *Tischreden: In der*
> *Kürze liegt die*
> *Würze!*

»Zum Wohl«

Anstoßen ist ein Brauch aus dem Mittelalter. Damals wurden Becher und Kelche randvoll gefüllt, damit der Wein beim kräftigen Anstoßen überschwappte und sich vermischte. So bewies der Burgherr, dass er dem Gast nicht nach dem Leben trachtete. Hätte der Gastgeber den Wein vergiftet, wäre dies ihm selbst zum Verhängnis geworden.
Heute klingen die Gläser nur noch aus besonderem Anlass. Zu Geburtstagen, Hochzeiten, Jubiläen, Silvester, einem Geschäftsabschluss oder einem Galadinner. Als Getränke werden zum Beispiel Champagner, Sekt oder Wein eingeschenkt. Mit Mineralwasser kann ebenfalls angestoßen werden.
Den ersten Schluck mit seinen Gästen trinkt der Gastgeber oder der Ranghöchste nach einem freundlichen Blick in die Runde. Danach darf jeder trinken, wann er möchte. Das Ritual des Zuprostens wiederholt sich, wenn ein neuer Wein kredenzt wird.

Trinksprüche international

China:	Kan pei; gan pei (mandarin)
Deutschland:	Zum Wohl, umgangsprachlich: Prost
England:	Cheers, cheerio
Frankreich:	À votre santé
Italien:	Alla salute
Japan:	Kan pai
Russland:	Za vashe zdorovye
Skandinavien:	Skol
Spanien:	Salud

Essen unterwegs – Business-Lunch einmal anders

Fast Food ist keine Erfindung der Neuzeit. Bereits im Mittelalter boten Händler auf Straßen und Plätzen allerlei Essbares wie warme Pasteten aus fahrbaren Öfen feil. Im Orient war das Essen draußen

aus Angst vor Dämonen tabu. Heute schreckt niemand mehr vor dem Speisen unter freiem Himmel zurück. Im Gegenteil: Fast Food, der schnelle Happen unterwegs gegessen, ist beliebter denn je.

Die Auswahl ist riesengroß – von der Bratwurst bis zum halben Hummer gibt es alles. Junge Geschäftsleute treffen sich im Sommer gerne mit Kollegen und Geschäftsfreunden zum schnellen Imbiss im Freien. Nicht zuletzt, um zu sehen und gesehen zu werden. Viele Restaurants haben sich auf diesen Trend eingerichtet. Sie stellen Stehtische in oder vor ihren Lokalen auf und offerieren unkomplizierte Tellergerichte, gerne aus der italienischen Küche.

Draußen wie drinnen geht es zwar nicht zu wie im First-Class-Restaurant, dennoch sollten die guten Manieren nicht unter den Tisch fallen: Die Serviette leistet gute Dienste – genussvolles Ablecken der Finger ist tabu. Vorsicht im Umgang mit den Speisen, denn an engen Bistrotischen ist die Gefahr groß, sich und die Nachbarn zu bekleckern. Gönnen Sie sich wirklich eine Pause – Hände weg vom Handy.

Für alle, die ihr Essen im Laufschritt verzehren: Essensreste, Papierabfälle und Becher gehören in die Mülltonne. Sie anderen Menschen achtlos vor die Füße fallen zu lassen ist sehr ungezogen. Mit Essen und Getränken in der Hand nicht durch Kaufhäuser und Geschäfte schlendern.

Dos and Don'ts

Dos

● Sich dem Stil des Restaurants entsprechend kleiden. Im Zweifels-fall besser overdressed als underdressed.

● Essen Sie möglichst langsam, um Flecken auf der Garderobe zu vermeiden.

● Handy aus oder stummschalten oder dem Handysitter überlassen.

● Reklamationen beim Service prompt, sachlich und diskret an-bringen.

● Lob und Dank aussprechen für gute Bewirtung und Qualität des Essens.

● Bei der Bestellung Bescheid sagen, wenn getrennte Rechnungen gewünscht werden.

Don'ts

● Mit dem Essen beginnen, bevor der Gastgeber oder die Gastge-berin zugreift.

● Mit vollem Mund reden oder trinken. Schmatzen, schlürfen, rülpsen oder andere Körpergeräusche von sich geben.

● Bei offiziellen Essen ist die Floskel »Guten Appetit« überflüssig.

● Zahnstocher am Tisch benutzen.

● Krawatte in die Hemdtasche stecken oder über die Schulter wer-fen.

● »Kratz dich nicht mit der Hand, mit der du isst, und zwar weder am Kopf, am Busen, an den Armen oder in der Hose.« (Zit. nach: Anita Homolka: Zück die Finger und iss. Frankfurt 1989)

Alles klar? – Quiz

Eine Dame hat zwei Herren zum Mittagessen in ein Restaurant eingeladen. Wer probiert den Wein?

- ☐ Die Gastgeberin.
- ☐ Der Kellner.
- ☐ Einer der Herren, eine Dame probiert keinen Wein.

Wohin gehört die Serviette, wenn Sie zwischen den Gängen den Tisch verlassen?

- ☐ Neben den Teller auf den Tisch.
- ☐ Auf den Stuhl.
- ☐ Auf den Schoß des Nachbarn.

Wo sitzt bei einem Essen der weibliche Ehrengast?

- ☐ Am Kopfende des Tisches.
- ☐ Rechts neben dem Gastgeber.
- ☐ Rechts neben der Gastgeberin.

Was ist eine Gästekarte?

- ☐ Ein Tischkärtchen mit dem Namen des Gastes.
- ☐ Eine Speisekarte ohne Preise.
- ☐ Ein Plan mit der Sitzordnung der Gäste.

Wer geht im Restaurant vor?

- ☐ Der Herr.
- ☐ Die Dame.
- ☐ Der Gastgebende.

Wie lautet der englische Begriff für Speisen, die mit den Fingern gegessen werden?

- ☐ Fast Food.
- ☐ Slow Food.
- ☐ Fingerfood.

Wie heißt die italienische Rebsorte, aus der der gleichnamige Schaumwein hergestellt wird?

- ☐ Spumante.
- ☐ Frizzante.
- ☐ Prosecco.

Schlemmereien aus Küchen und Kellern

In guten Restaurants wird Erlesenes aus den Küchen und Kellern der ganzen Welt aufgetischt. Wer weiß, was auf seinem Teller liegt und wie er damit umgeht, kann erst richtig genießen.

»Die Entdeckung eines neuen Gerichts beglückt die Menschheit mehr als die Entdeckung eines neuen Gestirns.«
Jean-Anthelme Brillat-Savarin (1755–1826).

Internationale Köstlichkeiten von Aal bis Zuppa inglese

Aal: Liegt geräucherter Aal auf dem Teller, wird er mit normalem Essbesteck gegessen. Der Griff zum Fischbesteck ist richtig, wenn der Aal in Soße serviert wird und deshalb bereits enthäutet und entgrätet ist.

Amuse-Gueule/Amuse-Bouche: In vielen Restaurants wird zum Auftakt des Essens ein Appetithäppchen – auch Gruß aus der Küche genannt – gereicht. Meistens wird es auf einem kleinen Teller mit einer kleinen Gabel serviert. Eine ausgefallene Variante ist das Löffel-Amuse-Gueule, bei dem der Happen auf einem Löffel angerichtet ist und damit direkt in den Mund befördert wird. Als Aufmerksamkeit des Hauses erscheint das Amuse-Gueule nicht auf der Rechnung.

Antipasti: Antipasti ist das italienische Wort für Vorspeisen. Sie werden vor den Nudeln gegessen.

Aperitif: Heißt das appetitanregende Getränk vor dem Essen. Gängig sind Champagner, Sekt, Prosecco, Wermut, Sherry, Cynar,

Campari oder Mixgetränke wie Kir Royal, Gin Tonic. Viele Restaurants kredenzen auch einen Haustrunk.

Getrunken wird er an der Bar oder in einem separaten Raum. Das Glas wird, außer auf Aufforderung der Gastgeber, nicht mit an den Tisch genommen.

An Stelle eines Aperitifs können auch Bier oder alkoholfreie Getränke vor dem Essen konsumiert werden.

Artischocke: Die Artischocke ist eine Distelblüte aus dem Mittelmeerraum. Gekocht, wird sie meistens als Vorspeise gegessen – und zwar mit den Fingern: Blütenblätter von außen nach innen abzupfen, den unteren fleischigen Teil in eine Sauce tunken – typisch ist eine Vinaigrette –, durch die Zähne ziehen und auslutschen. Danach das Blatt auf einen Teller ablegen. Den zarten Artischockenboden gegebenenfalls vom ungenießbaren Heu befreien und mit Hilfe von Messer und Gabel essen. Vorher die Finger in der Fingerschale säubern.

Der aus Artischocken hergestellte Cynar ist ein beliebter Aperitif. Er kann auch als Digestif getrunken werden.

Austern: Sie gelten als Inbegriff des Luxus, sind jedoch nicht jedermanns Geschmack. Im Restaurant werden sie Ihnen im halben oder im ganzen Dutzend geöffnet serviert. Dann die Meeresfrüchte mit etwas Zitrone beträufeln, mit der Austerngabel von der Schale lösen und ausschlürfen. Dazu genießen Sie einen trocknen Weißwein, zum Beispiel Chablis, auch Austernwein genannt, oder Champagner. In Irland trinkt man gerne Guinness dazu.

Avocado: Diese exotische Frucht wird auch Alligatorbirne genannt. Weder Obst noch Gemüse, wird sie sowohl süß wie auch salzig gegessen. Wichtig ist, sie nach dem Halbieren und dem Entfernen des Kerns sofort mit Zitrone zu beträufeln, damit das Fruchtfleisch sich nicht verfärbt.

Die Avocado wird ausgelöffelt. Püriert oder in Scheiben geschnitten, wird sie auch in Salaten oder Suppen weiterverarbeitet. Sehr beliebt ist die Avocado mit Shrimpscocktail gefüllt.

Brot und Brötchen: Brote mit süßem Belag und Brötchen befördern Sie von der Hand in den Mund. Für Brote mit Wurst, Käse, Tomaten oder Fisch wird das Besteck benutzt. Beim Menü steht der Brotteller auf der linken Seite des Gedecks. Auf dem Brotteller liegt das Messer für die Butter. Das Brot wird in Stückchen gebrochen, mit Butter bestrichen und sofort verzehrt. Im Unterschied zu Deutschland stört es in Frankreich niemanden, wenn nach dem Essen jede Menge Brotkrümel die Tischdecke verzieren.

Bruschetta: Ein leckerer italienischer Appetithappen, für den geröstete Weißbrotscheiben mit Knoblauch eingerieben und mit Olivenöl beträufelt werden. Obendrauf kommen klein gehackte Tomaten und Zwiebeln. Bruschetta können Sie mit der Hand essen. Wem das zu fettig ist, der greift zu Messer und Gabel.

Canapé: Nicht das Sofa ist gemeint, sondern ein Appetithäppchen. Es sollte nicht mehr als ein Mund voll sein, also in einem Happen gegessen werden können. Canapés werden gerne bei Stehempfängen gereicht. Nehmen Sie maximal zwei: eins zum sofortigen Verzehr – am besten mit einem Bissen –, das andere legen Sie auf die Serviette in der linken Hand. Ihre rechte Hand bleibt so zur Begrüßung anderer Gäste frei.

Carpaccio: Schon wieder etwas aus der italienischen Küche. Ursprünglich war Carpaccio eine Vorspeise aus hauchdünn geschnittenen, roh marinierten Rinderfiletscheiben. Mittlerweile gibt es Carpaccio auch von Fisch oder Pilzen.

Champagner: Den Namen Champagner dürfen nur Schaumweine aus der Champagne tragen, die nach dem traditionellen Champagnerverfahren hergestellt sind. Zum Öffnen der Flasche entfernen Sie vorsichtig Stanniol und Drahtkorb (Agraffe), halten Sie den Korken fest und drehen Sie die Flasche in eine Richtung, bis er mit einem leisen Plopp herausflutscht. Halten Sie die Flasche leicht schräg, damit das köstliche Getränk nicht überschäumt. Die richtige Trinktemperatur liegt zwischen sechs und acht Grad. Bei Champagner gibt es große Preis- und Qualitätsunterschiede. Blindverkostungen haben gezeigt, dass preiswert nicht unbedingt schlecht sein muss.

Andere Länder – andere Schaumweine

Aus Italien kommt nicht nur der Modewein Prosecco, sondern auch Asti Spumante und Frizzante. Prosecco wird aus der gleichnamigen Rebsorte hergestellt und in Deutschland oft mit Sekt verwechselt. Die französischen Schaumweine außer Champagner werden als Vin mousseux bezeichnet. Der sanft schäumende Crémant wird häufig auf Grund seines Namens fälschlicherweise für einen Likör gehalten.

Cocktail: Leckere Mixgetränke, sehr in. Sie bestehen meist aus verschiedenen Alkoholika gemixt mit pürierten Früchten, Sahne, Sirup, Sodas, gestoßenem Eis und Gewürzen. Alkoholfreie Cocktails tragen häufig den Zusatz Virgin, zum Beispiel Virgin Colada. Kreiert wurden viele Virgin-Cocktails in den USA während der Prohibitionszeit in den 20er-Jahren des vorigen Jahrhunderts.

Digestif: Als Verdauungsschnaps wird der Digestif nach dem Essen zum Kaffee oder danach angeboten. Edle Obstbrände, Aquavit, Grappa, Fernet Branca, Ramazzotti, Cognac, Weinbrand oder Whisk(e)y erfreuen sich großer Beliebtheit.

Dorade: Heißt übersetzt einfach Goldbrasse. Ein delikater Mittelmeerfisch, der in der feinen Küche sehr beliebt ist.

Fingerfood: Hier heißt es: »Zück die Finger und iss«: Canapés, Döner, Gemüsesticks, Hamburger, Pizza unterwegs, Pommes aus der Tüte, Sandwiches, Tacos und Würstchen im Schnellimbiss. Ein weit verbreiteter Irrtum ist, dass Hähnchen und größeres Geflügel immer und überall mit den Fingern gegessen werden. Am gedeckten Tisch ist der Griff zu Messer und Gabel angebracht. Dagegen müssen Sie bei Wachteln, Meeresfrüchten und Artischocken Hand anlegen. Steht im Restaurant eine mit lauwarmem Wasser und Zitrone

Das Ei

Das Ei – immer gut für Diskussionen. »Köpfen oder nicht köpfen«, lautet die große Frage beim Frühstück. »Sowohl als auch«, heißt die Antwort. Heutzutage können Sie das Eikäppchen unbesorgt mit dem Messer abschlagen, weil die Messerklingen anders als zu Großmutters Zeiten nicht mehr anlaufen. Beim »Köpfen« bleibt das Ei im Becher stehen, damit das Eigelb nicht herauskleckert. Üblich ist auch, mit dem Löffel die Schale seitlich anzuschlagen, das Käppchen abzuheben oder abzupellen. Rührei mit Speck und Würstchen wird mit Hilfe von Messer und Gabel verzehrt. Für Rührei pur reicht die Gabel. Das Gleiche gilt für Schaumomeletts.

gefüllte Fingerschale neben Ihrem Gedeck, ist dies eine Aufforderung zum Essen mit den Fingern.

Fisch: Damit Sie im Restaurant nicht mehr auf Fisch verzichten müssen, hier eine praktische Filetier-Anleitung: Trennen Sie Bauch- und Rückenflossen mit Fischmesser und Gabel ab. Vorsichtig die Haut abziehen. Die Filets an der Mittellinie trennen und von der Mittelgräte nach oben und unten wegschieben. Mit dem Fischmesser über das Rückgrat streichen, es komplett mit Schwanz und Kopf lösen und zur Seite legen. Die unteren Filets werden aus der Haut gegessen. Wer möchte, kann den Fisch umdrehen und die Haut abziehen. Gebratene Haut können Sie mitessen. Wem diese Prozedur zu schwierig erscheint, kann sich den Fisch vom Service filetieren lassen. Gräten im Mund schieben Sie dezent mit der Zungenspitze auf die Gabel und von dort auf den Tellerrand. Bleibt eine Gräte im Hals stecken, hilft rohes Sauerkraut.

Seehusen, Henning: Fisch und Meeresfrüchte. Einkaufsführer von A bis Z. Mit Kurzrezepten zu jedem Fisch. München 2003.

Hummer und Co. – Edles aus dem Wasser

Meeresgetier schmeckt köstlich, doch der Weg zum Genuss ist beschwerlich. Denn die Meeresfrüchte präsentieren sich oft in harter Schale und zangenbewehrt. Spezialbestecke sind notwendig, um diese Hürde zu überwinden.
Langusten (englisch: crayfish) und Hummer (englisch: lobster) werden im Restaurant meist halbiert serviert. Ihnen rücken Sie mit Hummerzange und -gabel zu Leibe. Dann heißt es beim Hummer die Scheren knacken und das zarte Fleisch mit den Zinken der Hummergabel herausziehen. Mit dem runden Teil der Spezialgabel befreien Sie das Schwanzfleisch von Hummer und Languste aus dem Panzer. Gegessen wird mit Messer und Gabel, nicht mit Fischbesteck.

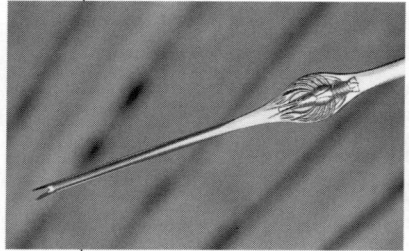
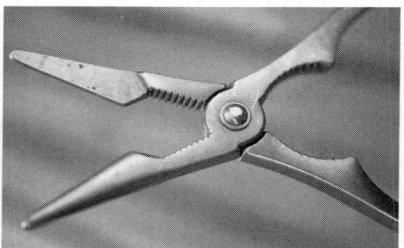

Hummer-Häkeln

Hummerknacken können Sie zu Hause üben. Man nehme: einen Nussknacker, eine Häkelnadel, ein scharfes Messer zum Halbieren und einen Hummer. Den Hummer auftauen, auf ein Schneidebrett legen und der Länge nach halbieren. Die Scheren mit dem Nussknacker aufbrechen und das Fleisch mit der Häkelnadel herausziehen. Hummer gibt es gekocht und tiefgefroren ab zehn Euro im Supermarkt.

»Wer sich beim Krebsessen verliebt, wird unglücklich«, sagt ein norwegisches Sprichwort. Probieren sollten Sie die Leckerbissen trotzdem.

Scampi (Singular: Scampo): Tiefseehummer oder Kaisergranaten sind mit länglichen Scheren und einem relativ harten Panzer ausgestattet. Sie werden manchmal mit Riesengarnelen verwechselt. Gemeinsam haben beide nur, dass ihr Schwanzfleisch gegessen wird – vorher den Darm entfernen – und sie üblicherweise mit Hilfe der Finger aus der Schale gelöst werden. Ebenso gut lässt sich ihr Fleisch mit Messer und Gabel auslösen und verspeisen. Auf den Speisekarten tauchen Riesengarnelen auch unter den Bezeichnungen Krabben, Shrimps, Prawns, Crevettes oder Gambas auf. Achtung: Häufig werden die günstigeren Garnelen unter dem falschen Etikett Scampi verkauft.

Flusskrebse werden aus Skandinavien und der Türkei importiert, mittlerweile aber auch wieder in hiesigen Gewässern kultiviert. Einzeln eignen sie sich vorzüglich als Dekoration, die Sie dann mit den Fingern essen können. Zum ausgiebigen Krebsessen – besonders beliebt in Skandinavien – greifen Sie besser zum entsprechenden Spezialbesteck und wegen Spritzgefahr zum Lätzchen.

Garnitur/Garnierung: Als Garnitur wird die Zubereitungsart einer Speise bezeichnet. Oft verwechselt mit der Garnierung oder Dekoration wie Petersilie, Salat, Physalis oder Sternfrucht. Die Dekoration soll nicht nur das Auge erfreuen, sondern auch gut munden.

Prominenz in aller Munde

Die Bezeichnung vieler Garnituren geht auf berühmte Staatsmänner und andere Prominente vergangener Jahrhunderte zurück. So ist von Arthur Herzog von Wellington nicht nur der Spruch überliefert: »Ich wünschte, es wäre Nacht oder die Preußen kämen«, sondern auch das in Blätterteig gehüllte Rinder-»Filet Wellington«.
Die australische Operndiva Nelly Melba (1861–1931) stand Patin für das aus halbierten Pfirsichen, Vanille-Eis und Himbeermark komponierte Dessert »Pfirsich Melba«. Wird »nach Müllerin Art« oder »à la meunière« aufgetischt, gibt es mehlierten, gebratenen Fisch mit geschmolzener Butter.
In dem Buch »Woher die Wörter stammen« von Günter Rachfahl finden Sie die Herkunft und den Sinngehalt gastronomischer Begriffe (Oestringen 2002).

Insekten: In fremden Kulturen stehen geröstete Heuschrecken, Ameisen oder Mehlwürmer regelmäßig auf dem Speiseplan. In Mexiko schwimmen Raupen im Mescal, Heuschrecken werden in Asien und Mittelamerika geknabbert. Szenerestaurants in Deutschland haben diese ausgefallenen Leckereien inzwischen ebenfalls entdeckt. Wurm-Lollis und Insektenkonfekt gelten bei jungen Leuten als supercool. Für experimentierfreudige Gourmets gibt es ein Insektenkochbuch mit Rezepten zum Ausprobieren.

Fritsche, Ingo/Gitsaga, Bubpa: Das Insektenkochbuch. Natur- und Tier-Verlag Matthias Schmidt 2002.

Udo Pini: Gourmethandbuch. Hamburg 2007.

Selbst wenn Ihnen solche ungewohnten Speisen kalte Schauer über den Rücken jagen, überwinden Sie Ihre Abneigung im Interesse der Gastfreundschaft. Denn ein Ablehnen der dargebotenen Spezereien könnten Gastgeber in anderen Ländern als Kritik oder sogar Beleidigung empfinden. Also geht Probieren über Studieren. Kosten Sie möglichst kleine Stücke, die Sie notfalls ohne Kauen schlucken können, dann geht es vielleicht leichter.

www.lebensmittellexikon.de: Online-Nachschlagewerk zu alltäglichen und exotischen Lebensmitteln. Zubereitungstipps, Warenkunde, kulinarische Wörterbücher in mehreren Sprachen.

Kaviar: Die Eier des im Bestand bedrohten Störs sind der Inbegriff des Luxus. Trotzdem darf diese kostbare Speise in der Dose auf den Tisch kommen – stilvoll in einer mit zerstoßenem Eis gefüllten Schale. Gegessen wird Kaviar mit speziellen Löffelchen aus Perlmutt, Schildpatt oder Horn. Verwenden Sie niemals Silberlöffel, denn sie verfälschen den Geschmack und laufen an. Champagner oder Wodka sind perfekte flüssige Begleiter.

Käse: Man sagt, er schließt den Magen, deshalb wird er oft am Ende eines Menüs nach dem süßen Dessert serviert. Viele Feinschmecker bevorzugen Käse nach dem Hauptgericht, damit sie den dazu gereichten Rotwein genießen können. Beide Varianten sind möglich. Was zählt, ist der persönliche Geschmack.

Meeresschnecken: Beim Italiener mit Spagetti serviert, werden sie mit Zahnstochern aus ihren Häuschen gezogen. Ein etwas diffiziles Vergnügen, aber es lohnt sich.

Miesmuscheln: Schwimmen im Sud. Benutzen Sie die Schale einer leeren Muschel als Greifinstrument, um die anderen Muscheln aus ihrer Schale zu lösen und zu essen. Zum Schluss löffeln Sie den Sud aus. Zu Muscheln wird je nach Region Schwarzbrot oder Baguette gereicht. In den Benelux-Staaten gibt es auch Pommes frites dazu.

Mousse: Luftige Kalorienbomben, bestehend aus Sahne, Eiweiß oder Eigelb. Die Zutaten werden mit viel Luft aufgeschäumt. Am bekanntesten ist die Mousse au Chocolat aus weißer oder brauner Schokolade. Sie ist auf fast jedem Dessertbüfett zu finden. Weniger bekannt sind die herzhaften Varianten, zum Beispiel Fisch-Mousses.

Obst: Schälen und essen Sie im Restaurant möglichst mit Hilfe von Messer und Gabel. Kirschen, Trauben und Erdbeeren mit Stiel dagegen werden mit der Hand gegessen; Kerne über den Löffel auf den Teller gelegt. Supermärkte und Wochenmärkte offerieren mittlerweile ein reichhaltiges Sortiment exotischer Früchte. Fragen Sie beim Kauf, wie die Früchte heißen, woher sie kommen und wie sie geschält, geöffnet und verzehrt werden. Über exotisches Obst und Gemüse informieren etliche Bücher und Broschüren. Sie enthalten auch Tipps für die richtige Zubereitung und fantasievolle Rezepte.

Bangert, Elisabeth: Exotische Früchte und Gemüse. Fränkisch-Grumbach 2007.

Pasta: Ist der Oberbegriff für Nudelgerichte. Sehr dünne Bandnudeln und Spagetti rollen Sie möglichst ohne Löffel nur mit der Gabel am Tellerrand auf. In Italien ist es unüblich, zum Rollen einen Löffel zu benutzen. Nudeln werden nicht geschnitten, sondern mit der Gabel zerteilt.

Salat: Wird grundsätzlich mit der Gabel gegessen. Bei großen Blättern sind Messer oder ein Stück Brot als Hilfe zum Aufspießen auf die Gabel hilfreich. Salatblätter können geschnitten werden, wenn der Salat mit Fleisch oder Fisch als Haupt- oder Zwischengericht serviert wird. Wird Salat als Beilage serviert, steht der Teller auf der linken Seite des Gedecks. Der Beilagensalat kann vor dem Hauptgericht gegessen werden. Der Teller bleibt links stehen.

Schnecken: Dieses Getier kommt meistens in einem Schneckenpfännchen auf den Tisch. Die Kräuterbutter in den sechs Mulden dürfen Sie mit Brot auftunken. Nur noch selten werden Schnecken im Gehäuse serviert. In dem Fall packen Sie die Schnecken mit der speziell geformten Schneckenzange, lösen das Fleisch mit der Schneckengabel heraus und essen es.

Sushi: Eine trendy Spezialität aus Japan, bestehend aus Reis, Fisch, Fleisch, Gemüse. Die Röllchen sind oft mit Seetang umwickelt.

Spargel: Die klassische Spargelzeit in Deutschland dauert von Ende April bis Juni. Traditionell wird der letzte Spargel am 24. Juni gestochen. Dieses edle Gemüse wird mit dem Messer klein geschnitten. Etwas aus der Mode gekommen ist die Methode, die Stangen von der Hand in den Mund zu befördern. Dazu nehmen Sie eine Stange zwischen die Finger der rechten Hand, führen sie zum Mund und benutzen die Gabel als Stütze. Für dieses Manöver sollte der Spargel nicht zu weich gekocht sein.

Suppe: Den letzten Rest einer klaren Suppe dürfen Sie aus der Tasse trinken. Suppenteller werden zum Auslöffeln zur Tischmitte geneigt. Wenn Sie in Großbritannien sind, achten Sie darauf, die Suppe seitlich vom Löffel zu nippen. In Deutschland wird der Löffel mit der Spitze zum Mund geführt.

Zuppa inglese: Statt einer Suppe überrascht Sie ein köstliches italienisches Dessert.

Wein

Ein guter Wein ist der perfekte Begleiter zum Essen. Um einen edlen Tropfen auszuwählen und zu genießen, müssen Sie kein Weinkenner sein. Im Restaurant bietet die Weinkarte Ihnen eine erste Orientierung. Meistens ist sie nach Weiß- und Rotweinen oder Weinanbaugebieten gegliedert. Am Schluss sind oft die Weine verzeichnet, die offen – also glasweise – ausgeschenkt werden. Das ist dann günstig, wenn Sie alleine sind oder nur wenige Gäste Wein trinken. Einige Restaurants bieten halbe Flaschen Wein (0,5 Liter) an.

> *»Beim Weißwein denkt man an Dummheiten, beim Rotwein spricht man Dummheiten, beim Champagner macht man Dummheiten.«*
>
> (Ausspruch aus Frankreich)

Die Bedienung reicht dem Gastgeber die Weinkarte. Lassen Sie sich ruhig beraten. Die Preisklasse können Sie dezent vorgeben, indem Sie auf einen oder mehrere Weine deuten und um eine Empfehlung bitten.

In Nobelrestaurants steht Ihnen ein Sommelier oder eine Sommelière beratend zur Seite. Diese Experten sind für den Einkauf, den Verkauf und die Pflege des Weinkellers zuständig. Sie prüfen an Stelle des Gastgebers vor dem Einschenken den Korken und nehmen den Probeschluck. Wird Ihnen der Korken gereicht, riechen Sie daran. So stellen Sie fest, ob der Korken modert und der Wein »korkt«. Ist das der Fall, können Sie sofort reklamieren.

Wenn Sie in einem Weinanbaugebiet sind, kosten Sie am besten immer die typischen Weine der Region.

Musste früher die Regel »Weißer Wein zu hellem Fleisch beziehungsweise Fisch, roter Wein zu dunklem Fleisch« strikt eingehalten werden, rümpft heute niemand mehr die Nase, wenn Sie sich nach Ihrem Geschmack, dem der Gäste, der Verträglichkeit und der Zubereitungsart der Speisen richten. Sie sollten jedoch folgende Regeln kennen:

● Weißwein vor Rotwein.
● Junger Wein vor altem Wein.
● Leichter Wein vor schwerem Wein.
● Der beste Tropfen kommt zum Schluss.

Johnson, Hugh: Der kleine Johnson 2008. 1.500 Weine, Produzenten und Jahrgänge aus aller Welt. München 2008.
Ehrlich, Dagmar: Das Wein-ABC. Weinlexikon. 400 glasklare Antworten auf die wichtigsten Fragen. München 2002.
Bekannte Weinzeitschriften sind »Wein Gourmet«, »Weinwelt« und »Alles über Wein«.

Die ideale Trinktemperatur für Rotwein liegt zwischen 16 und 18 Grad, für Weißwein zwischen acht und elf Grad, für Schaumwein beträgt sie fünf bis acht Grad. Wollen Sie Weißwein schnell kühlen, legen Sie ihn nicht ins Eisfach. Stattdessen füllen Sie einen Weinkühler mit Wasser und Eiswürfeln und geben eine Hand voll Salz dazu. Darin die Weinflasche drehen. Fachleute nennen diesen Vorgang »frappieren«.

Zu kühler Rotwein erwärmt sich von allein. Er sollte mindestens eine Stunde vor dem Trinken geöffnet werden. Wählen Sie deshalb den Rotwein für den Hauptgang gleich zu Beginn des Essens.

Rotweine enthalten manchmal ein Depot, das sich am Boden der Flasche ablagert. Um dies zu entfernen, wird der Wein vorsichtig vor einer Kerze in eine Karaffe umgefüllt. Diese Prozedur heißt dekantieren. Dabei wird der Wein gleichzeitig belüftet, er kann sein Bouquet besser entfalten. Zum Dekantieren können Sie auch einen Dekantiertrichter benutzen.

Wein kann seinen Geschmack erst voll entfalten, wenn er im passenden Glas kredenzt wird. Am besten eignen sich feingeschliffene Kristallgläser. Rotweingläser sind größer und bauchiger als Weißweingläser. Sie sollten möglichst nur zu einem Drittel gefüllt sein. Weißweingläser werden zwischen halb und drei viertel gefüllt. Für süße Dessertweine mit hohem Alkoholgehalt gibt es kleine spezielle Süßweingläser.

www.delmonego.de: Website des Weltmeisters aller Sommeliers 1998, Markus del Monego. Detaillierte Infos zu Accessoires rund um Wein, Vorstellung Wein des Monats und Menü des Monats inklusive Rezept. Tipps zu Mineralwasser.
www.deutscheweine.de: Das Deutsche Weininstitut fasst wichtige Hinweise im Umgang mit deutschen Weinen, zu Anbaugebieten, Weinbau und Winzern zusammen. Terminliste mit Weinseminaren.
www.wein-marktplatz.de: Magazin für Weingenießer. Mit Wein-ABC.
www.vdp.de: Website des Verbandes der deutschen Prädikatsweingüter.

Etikette ohne Grenzen

Die deutsche Wirtschaft ist Exportweltmeister. Wie ihre Waren sind auch deutsche Geschäftsleute viel in der Weltgeschichte unterwegs. Die Spielregeln für das angemessene Miteinander unterscheiden sich von Kontinent zu Kontinent, von Land zu Land. Einige dieser oft unausgesprochenen Regeln finden Sie in diesem Kapitel zusammengefasst. Es beschränkt sich im Wesentlichen auf Regionen, in denen der sprichwörtliche Rubel rollt.

Du? You? Tu?

Im Ausland keine Frage. Aus Höflichkeit und aus Respekt vor dem Gesprächspartner ist es überall auf der Welt ratsam, abzuwarten bis der Gastgeber das Du oder die Anrede mit Vornamen anbietet.

Großbritannien

Namen, Titel, Anreden

Die Briten ziehen bei der ersten Begegnung eine formelle Anrede wie »Mr. Smith« vor. Beim zweiten oder dritten Treffen gehen sie dazu über, sich mit Vornamen anzusprechen. Das Angebot geht vom Ranghöheren oder wesentlich Älteren aus. Es ist nicht mit dem deutschen Du gleichzusetzen, sondern Ausdruck eines generell lockereren Umgangstons.

Menschen von hohem Rang oder Alter werden mit Mr oder Mrs Smith angesprochen. Dagegen hat sich in der jüngeren Generation sowohl mündlich wie schriftlich das neutrale »Ms« (ausgesprochen: miz) als Anrede für Frauen durchgesetzt – die neutrale Mischform aus Misses und Miss, die nichts darüber aussagt, ob jemand verheiratet ist.

Die Bezeichnung »Madam« ist aus dem Geschäftsleben verschwunden. Sie taucht noch in der Korrespondenz auf, sofern der Name der Adressatin unbekannt ist. Die korrekte Anrede lautet dann »Dear Madam«. Sonst heißt es »Dear Ms Smith« oder »Dear Susan«. Männer werden nach wie vor mit dem althergebrachten »Sir« angesprochen, sollte ihr Familienname nicht bekannt sein.

Sir ist auch ein begehrter Adelstitel, den die Queen Untertanen für besondere Verdienste verleiht. Der so Geehrte wird mit »Sir« und seinem Vornamen angesprochen. Zum Beispiel heißt es dann bei Ex-Beatle Paul McCartney: »Sir Paul«. Die Angetraute eines Sir steigt zur Lady Mary auf. Die Bezeichnung »Dame Mary Poppins« zeigt an, dass die Dame selbst geadelt wurde.

> **Tipp:** Bei akademischen Titeln greift das britische Understatement. Nur der Allgemeinarzt, MD oder Medical Doctor, wird als »Dr. Miller« angeredet. Fachärzte sind schlicht Mr. Miller. Das trifft auch auf Promovierte anderer Fakultäten zu. Professoren und Professorinnen heißen »Professor Miller«. Ein Mr oder Ms vor den Professor zu setzen ist – anders als im Deutschen – unüblich. Adelstitel stechen akademische Würden aus.

Kontakte, Kontakte

In Briefen und E-Mails gibt es im englischen Sprachraum feine Abstufungen für die Grußformeln. Wenn Sie einen Brief mit »Dear Mr Fox« beginnen, schließt er mit »Yours sincerely«. Beim formellen »Dear Sir« endet das Schreiben mit »Yours faithfully«. Kennen sich Geschäftspartner länger, klingt die Abschlussformel »With best wishes« oder »Kind regards« freundlich. Unter jungen Menschen ist in E-Mails die Anrede »Hi Paul« gebräuchlich. Am Ende kann dann beispielsweise »My best Mary« stehen.

Am Telefon melden sich Mitarbeiter angelsächsischer Unternehmen in der Regel mit Tagesgruß und Firmenbezeichnung. »Good morning. Mouse Enterprises. May I help you?« Daraufhin nennt der Anrufer seinen Namen und sein Anliegen.»Paul Meier from Meier Enterprises. Would you put me through to Mr Brown please.« Im Privaten läuft das Ganze anders. Der Angerufene nennt zuerst seine Telefonnummer»12345« statt des Namens. Und dann sind Sie an der Reihe.

In den USA melden sich Teilnehmer privat meistens mit»Hello«. In den Firmen hängt es von internen Vorgaben ab, ob Angerufene zuerst ihren Namen sagen und dann den des Unternehmens oder umgekehrt.

Tipp: In den USA kommt Nachrichten auf einem Anrufbeantworter beziehungsweise auf einer Mailbox ein viel höherer Stellenwert zu als in Deutschland. Geschäftliche Zu- oder Absagen werden als verbindlich gewertet.

Small Talk

Briten sind Weltmeister im Small Talk. Bevor es geschäftlich ans Eingemachte geht, wird ausführlich miteinander geplaudert. Das entspannt und schafft eine persönlichere Atmosphäre. Die Nation ist sportbegeistert: Fußball, Pferderennen, Golf oder Kricket sind gute Einstiegsthemen. Das Wetter passt ebenfalls immer. Tabu sind kritische Bemerkungen über das Königshaus.

Nach Feierabend geht es oft gemeinsam in einen Pub oder in eine Bar. Geschäftliches bleibt vor der Tür. Gespräche bewegen sich auf unverbindlicher Small-Talk-Ebene. Wetteifern Sie bei solchen Gelegenheiten nicht mit den Briten in Sachen schwarzer Humor. Das kann daneben gehen.

Dresscode

Anzug und Krawatte für den Mann, Kostüm oder Hosenanzug für die Frau sind das passende Outfit im Business. Schrille Farben sind verpönt. Grau und Blau dominieren.

Getreu dem Spruch »Never wear brown in town« bleiben braune Anzüge im Schrank. Sie eignen sich besser für eine Landpartie. Vorsicht mit gestreiften Krawatten. Sie könnten auf die Mitgliedschaft in einem Club hinweisen. Wer sich da nicht auskennt, liegt schnell falsch. Mit unifarbenen oder in sich gemusterten Bindern ist Mann auf der sicheren Seite.

Zu Tisch bitte

Vor dem Essen gibt es Drinks in der Bar. Dort bekommen die Gäste die Speisekarte gereicht, um ihr Menü auszuwählen und zu bestellen. Zu Tisch gebeten wird erst, wenn die Vorspeise serviert ist. Die Drinks trägt der Service hinterher.

Alle festen Speisen inklusive Erbsen und Reis essen die Briten vom Gabelrücken. Diesen Balanceakt sollten Sie nur nachahmen, wenn Sie genügend Übung haben. Sonst landet womöglich das Essen auf dem Jackett.

Unter Freunden und Kollegen wird die Rechnung nach dem Essen normalerweise zu gleichen Teilen gesplittet. Die Briten nennen dies »to go Dutch«. Zahlt jemand allein die Zeche, kann das von den anderen als Verpflichtung zur Gegenleistung interpretiert werden.

Tipp: »You can't drink on credit.« In Pubs und Bars werden Getränke sofort an der Theke bezahlt. Bestellt wird in Runden. Ein Getränk nur für sich allein zu ordern, ist unhöflich. Deshalb vorher nach den Wünschen der Mittrinker fragen.

Dos and Don'ts

Dos
- Höflich sein wie die Briten: die Floskeln sorry und thank you oft benutzen.
- Geduldig Schlangestehen, ohne zu meckern.
- Zum Toast auf die Queen aufstehen.

Don'ts
- Die Royal Family kritisieren.
- Großbritannien mit England gleichsetzen.
- Unpünktlich sein.

Russland

Namen, Titel, Anreden

Russische Namen sind ein höchst kompliziertes Thema. Normalerweise bestehen sie aus drei Teilen: dem Vornamen, dem sogenannten Vaternamen und dem Nachnamen des Vaters. Die Reihenfolge gilt für Männer wie für Frauen. Wichtig in der Anrede und in Anschreiben sind Vorname und Vatername. Zum Beispiel »Leonid Alexandrowitsch« oder »Olga Alexandrowna«. Ein »Herr« oder »Frau«, wie in Deutschland üblich, wird nicht vorangestellt.

Stellt Ihr Gesprächspartner sich bei der ersten Begegnung mit seinem Vornamen vor, tun Sie es ihm gleich.

Auf Visitenkarten stehen akademische Titel oft hinter dem Namen. Titel werden zwar zum Auftakt einer Vorstellungsrunde erwähnt, der Träger aber nicht mit seinem Titel angesprochen.

Ein fester Händedruck gehört zum Begrüßungsritual – unter Männern. Frauen reichen ihre Hand – wenn überhaupt – einem Mann eher zögernd, weil das Handreichen zwischen den Geschlechtern in Russland unüblich ist. Besucher geben sich erst nach dem Betreten eines Raums die Hand. Zwischen Tür und Angel bringt das Ritual angeblich Unglück.

Schauen Sie Ihrem Gegenüber generell nicht zu lange und zu tief in die Augen. Dies empfinden Russen, Japaner, Chinesen, Inder als aufdringlich.

Gastfreundschaft

Gute Beziehungen sind in Russland der Schlüssel zum geschäftlichen Erfolg. Deshalb nehmen Russen sich gerne viel Zeit für ihr Gegenüber. Oft arrangieren sie ein aufwendiges Programm, um herzliche Gastfreundschaft zu demonstrieren und um einander besser kennenzulernen.

Verhandlungen dauern ebenfalls lange. Die deutsche Angewohnheit, sofort mit der Tür ins Haus zu fallen, wird nicht geschätzt. Besucher sollten deshalb ausreichend Zeit und Geduld mitbringen. Und die Form wahren: Joviales Verhalten wird seitens der Russen zu Beginn einer Geschäftsbeziehung nicht geschätzt. Je länger Partner sich kennen, desto lockerer wird der Umgangston.

Halten Sie fest, was Ihnen in Russland geboten wurde, um sich beim Gegenbesuch angemessen zu revanchieren. Es nicht zu tun, würde Ihre Gäste vor den Kopf stoßen.

Gastgeschenke sind ein Zeichen von Wertschätzung und werden entsprechend hoch gehandelt. Als Aufmerksamkeiten für private Einladungen eignen sich Blumen, Konfekt oder Spirituosen. Achtung: Wodka auf keinen Fall als Geschenk mitbringen, weil er im Land spottbillig ist. Mitbringsel und Spezialitäten aus deutschen Landen sind beliebt.

 Tipp: Wer bei klassischer russischer Literatur wie Werken von Tolstoi und Dostojewski mitreden kann, gewinnt Sympathien und Respekt.

Russen laden gerne zum Essen ein. Es wird reichlich aufgetischt und herzhaft zugelangt. Gäste fahren gut damit, von allen Speisen zu probieren. Sie müssen aber nicht alles aufessen. Ein kleiner Rest auf dem Teller signalisiert dem Ofiziant oder der Ofiziantka (Kellner, Kellnerin): Ich bin satt.

Zum bescheideneren Mittagessen können geschäftliche Themen auf den Tisch gebracht werden. Ein üppiges Abendessen dient dem Vertiefen der Freundschaft.

Zum guten Essen gehört Wodka. Der Kartoffelschnaps wird immer in Gesellschaft getrunken. Ein Toast des Gastgebers eröffnet die Runde. Das erste Glas geht auf »ex«. Bei den nächsten Gläsern genügt ein großer Schluck. Nippen ist verpönt – Russen schätzen Trinkfestigkeit. Wer trotzdem einen kühlen Kopf bewahren möchte, kann sein Glas vor dem Nachschenken abdecken.

Tipp: Vom Gast wird ein Toast erwartet. Bereiten Sie sich geistig darauf vor. Sie können Trinksprüche zum Beispiel ausbringen auf das Land, die Gastgeber, die Geschäfte, die Weisheit im Alter, die Schönheit der Frauen ...

Dresscode

Kleidung ist in Russland ein Symbol von Macht und Wohlstand. Konservative Anzüge in den Geschäftsfarben Blau und Grau sind daher angebracht, ebenso helle Hemden. Krawatte ist Pflicht.

Frauen sind in Kostüm, Kleid oder Hosenanzug gut gewandet. Hochhackige Schuhe, Make-up und Parfüm betonen die in Russland geschätzte weibliche Linie. Auf Volants und Rüschen, Glitzer und Glamour sowie offenherzige Dekolletees und üppigen Schmuck sollten westliche Geschäftsfrauen verzichten.

Dos and Don'ts

Dos
- Viel Zeit investieren.
- Nur nach einem Toast zum Wodkaglas greifen.
- Höflich, charmant, galant zu russischen Frauen sein.

Don'ts
- Über Politik reden.
- Zu direkt sein.
- Namen vergessen.

USA

Namen, Titel, Anreden

»You may say you to me« – »Du kannst Du zu mir sagen.« Ganz so einfach ist es nicht im Umgang mit den Amerikanern. Sie geben sich zwar informell, aber »You« heißt im Business übersetzt immer noch »Sie«. Ein »Please call me John« ändert daran nichts. Selbst wenn die Anrede mit Vornamen quer durch die Hierarchien üblich sein sollte. In dem Fall nennen Sie ebenfalls nur Ihren Vornamen.

Obwohl die Amerikaner generell einen legeren Umgangston pflegen, geht es im Geschäft knallhart zu. Für Amerikaner ist es eher ein Zeichen von Selbstsicherheit und Kompetenz, wenn Gesprächspartner auf formelles Verhalten verzichten. Das sollte jedoch nicht zu kumpelhaftem Verhalten verleiten.

In fester, kurzer Händedruck ist bei der ersten Begegnung üblich. Blickkontakt und strahlendes Lächeln ebenso. Bei weiteren Treffen verzichten Amerikaner aufs Händeschütteln.

Sie halten auf Distanz. Eine Armlänge mindestens sollte es schon sein. So laufen Sie auch nicht Gefahr, jemandem zu nahe zu treten.

Kartentausch

Mit Visitenkarten gehen die Menschen in den USA zurückhaltend um. Normalerweise zücken Sie sie erst auf Nachfrage. Die Antwort »Sorry, sie sind mir ausgegangen« ist eine Ausrede. Sie besagt, dass Ihr Gegenüber auf weitere Kontakte keinen Wert legt. In dem Fall lassen Sie ihre eigenen Visitenkarten in der Tasche.

Phrasen dreschen

Die Formel »Hello, how are you« gehört zum Standardrepertoire einer Begrüßung. Eine ehrliche Antwort erwartet niemand. Ein locker-flockiges »Great!« reicht vollkommen. Beim Vorstellen besagt die Floskel »Nice meeting you«, dass Sie sich freuen, jemanden kennenzulernen. Zum Abschied wird die Phrase wiederholt. Interesse an den Aussagen Ihres Gegenüber bekunden Sie mit »Really« oder »That's very interesting«. Darauf legen Amerikaner großen Wert.

Ein Strauß höflicher, großzügig benutzter Floskeln führt oft zu Missverständnissen auf europäischer Seite. Ein »I'll try and see what I can do for you« bedeutet im Klartext ein nett verpacktes Nein. Sätze wie »You have to come for dinner one evening« sind unverbindlich.

Bekommen Sie jedoch ein genaues Datum und eine Uhrzeit für Dinner oder Barbecue genannt, ist es eine ernstgemeinte Einladung. Als Gastgeschenk sind Blumen oder eine Flasche Wein willkommen. Zu einer Potluck-Party bringt jeder Gast Essen oder Getränke mit. Erkundigen Sie sich vorher, was Sie beisteuern können. Nach dem Fest schicken Sie einen »Thank you note« genannten Dankesbrief.

Wie die Briten gehen die Amerikaner freigiebig mit den Zauberworten bitte und danke um. Außerdem entschuldigen sie sich bei allen möglichen Gelegenheiten – »sorry«. Dagegen mögen Amerikaner Begriffe wie »must«, »will« oder »should« nicht. Sie werden als zu direkt und zu rechthaberisch empfunden.

Gute Worte ...

Komplimente hören Amerikaner gerne. Trotzdem ist Vorsicht geboten: Loben Sie die Stadt, das Büro, die schöne Aussicht, das gute Hotel. Persönliche Bemerkungen etwa zum Aussehen oder zur Kleidung können als Diskriminierung von Geschlecht, Alter und Rasse gesehen werden. Im schlimmsten Fall ziehen solche nett gemeinten Worte Schadensersatzklagen nach sich.

Die Liste der Themen, zu denen Sie besser schweigen, ist lang. Hier eine Auswahl

- Sex.
- Homosexualität.
- Religion.
- Politik.
- Alter, Hautfarbe.
- Geschlecht.
- Todesstrafe.
- Umgang mit Waffen.

Leitlinie für den Small Talk: Meiden Sie zusätzlich zu den gerade genannten Themen solche, die Ihnen selbst auch unangenehm wären. Sprechen Sie stattdessen über Unverfängliches wie Football, Golf, Baseball, Essen, technische und wissenschaftliche Errungenschaften.

Geld und Gehalt sind anders als in Deutschland keine Tabuthemen.

Schnell auf den Punkt

So höflich Amerikaner gesellschaftlich sind, im Geschäft kommen sie schnell zur Sache. Sie punkten bei Ihnen mit

- gekonntem Selbstmarketing,
- klaren Präsentationen,
- Lösungen.

Ausführliche Problemanalysen sind ebenso wenig gefragt wie das Verschleiern von Fehlern. Letzteres kann für Sie das sofortige Aus bedeuten. Sind Sie mit einer Leistung unzufrieden, sollten Sie auf harte Worte verzichten. Eine Formulierung wie »Great, but next time we will be even better« enthält eine klare Botschaft, ohne dass jemand sein Gesicht verliert.

Sprachverwirrungen

Aktion – campaign, drive statt action (Handlung, Bewegung)
Chef – boss statt chef (Koch, Küchenchef) oder chief (Häuptling)
Konzept – draft statt concept (Idee, Begriff)
Gymnasium – High School statt gymnasium (Turnhalle)
Lager – warehouse statt lager (Bier)
Handy – cell phone statt handy (handlich)
Engagiert – committed statt enganged (verlobt, besetzt, Toilette, Telefon)
Unternehmer – entrepreneur statt undertaker (Bestatter)
Menü – set meal statt menu (Speisekarte)
Prospekt – brochure, leaflet statt prospect (Aussicht, Chance)

Die Hand am Colt?

»Wait to be seated«: In den USA werden Sie in Restaurants vom Empfangspersonal platziert. Ein Schild »Wait to be seated« weist darauf hin. Die deutsche Angewohnheit, direkt an einen freien Tisch zu stürzen, sollten Sie zu Hause lassen. Ansonsten fallen Sie unangenehm auf.

Tipp: Zum Naseputzen und zum Lippen nachziehen verlassen Sie den Tisch. Die Serviette legen Sie auf den Stuhl.

Nach dem Essen kommt zügig die Rechnung. Im Unterschied zu Europa bleiben die Gäste danach nicht am Tisch sitzen, um noch zu trinken und zu plaudern. Dazu sind die Lobby oder eine Bar da.

Wer länger verweilen möchte, ordert einen Tisch für das so genannte Second seating ab 20:30 Uhr, nach dem normalerweise keine anderen Gäste mehr erwartet werden. Grund für dieses Prozedere ist das Trinkgeld: Je öfter die Tische belegt werden, desto mehr Tip gibt es für das Personal, das von diesen Einnahmen lebt. Die Rechnung für ein Geschäftsessen bezahlt der Boss. Kreditkarte ist selbstverständlich.

Tipp: Den Weg zur Toilette erkunden Sie in den USA mit den schönen Umschreibungen »Where are the ladies'/men's rooms?« oder »Where can I wash my hands?«. Weder die direkte Frage nach der Toilette noch das Wort selbst werden in Gesellschaft ausgesprochen. Verstöße gelten als unfein.

In gehobenen Restaurants ist der Tisch nach internationalen Gepflogenheiten eingedeckt. Unterschiede gibt es im Gebrauch des Bestecks. Zuerst werden die Speisen mit dem Messer kleingeschnitten, dann wird das Schneidwerkzeug beiseite gelegt. Gespeist wird nur mit der Gabel in der rechten Hand. Die linke liegt derweil auf dem Oberschenkel – angeblich ein Überbleibsel aus dem Wilden Westen, als die Hand schnell am Colt sein musste. Europäer können getrost ihr Besteck wie zu Hause handhaben.

Schweigen finden Amerikaner unangenehm. Konversation ist deshalb während des Essens ein Muss. Gesprochen wird über Unverbindliches. Geschäftliches kommt hinterher bei einem Drink zur Sprache.

Doggy bag

Nach Restaurantbesuchen im privaten Kreis ist es durchaus gängig, Reste im Doggy bag mitzunehmen. Natürlich weiß jeder, dass die Portion nicht unbedingt für den Hund gedacht ist.

Well dressed

In Anzug, hellem Hemd und Krawatte machen Geschäftsmänner in den USA eine gute Figur. Jackett und Krawatte lassen sich schnell ablegen, die Ärmel hochkrempeln, wenn es einmal legerer zugehen sollte. Wer tagsüber auf einen Binder verzichtet, sollte ihn abends zum Restaurantbesuch parat haben.

Frauen kleiden sich im US-Business eher klassisch-elegant. Mit Hosenanzug, Kostüm oder einem Kleid in gedeckten Farben liegen Sie richtig. Nackte Arme und Beine sind tabu, rasierte Achseln und Beine dennoch selbstverständlich. Geschlossene Schuhe runden den perfekten Auftritt ab.

Make-up und eine gestylte Frisur werden in den USA erwartet.

Ein Blick auf die Agenda Ihrer Geschäftsreise hilft beim Kofferpacken. Sie sollten sowohl für den Besuch von Sportevents als auch für Galaveranstaltungen in Smoking und Cocktailkleid ausgestattet sein.

Viele amerikanische Firmen haben einen offiziellen Dresscode für ihre Mitarbeiter. Er ist oft schriftlich fixiert, wird von der Personalabteilung ausgehändigt und ist verbindlich.

Dos and Don'ts

Dos
- Verabredungen jeglicher Art pünktlich einhalten.
- Rauchverbote strikt befolgen.
- Großzügig sein mit »please« und »thank you«.

Don'ts
- Schimpfen und fluchen.
- Das eigene Land kritisieren.
- Menschen anstarren.

Japan

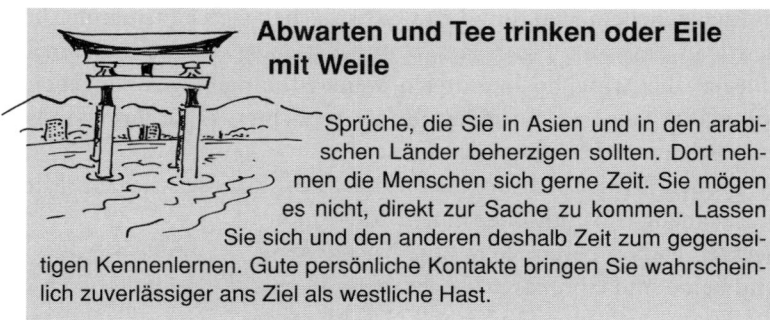

Abwarten und Tee trinken oder Eile mit Weile

Sprüche, die Sie in Asien und in den arabischen Länder beherzigen sollten. Dort nehmen die Menschen sich gerne Zeit. Sie mögen es nicht, direkt zur Sache zu kommen. Lassen Sie sich und den anderen deshalb Zeit zum gegenseitigen Kennenlernen. Gute persönliche Kontakte bringen Sie wahrscheinlich zuverlässiger ans Ziel als westliche Hast.

Namen, Titel, Anreden

In Japan gehen die Uhren langsamer als in Europa. Wer im Land der aufgehende Sonne Geschäfte anbahnen möchte, braucht Geduld und möglichst als Türöffner einen Vermittler, der bei den Einheimischen einen Vertrauensvorschuss genießt.

Für die ersten Treffen mit potenziellen Partnern eignet sich am besten eine Hotellobby. Bei der Vorstellung nennen Sie zuerst Ihren Namen und den Namen Ihrer Firma. Dann zücken Sie Ihre meishi genannte Visitenkarte und überreichen sie mit beiden Händen so, dass der Empfänger sie lesen kann. Dazu nicken Sie leicht mit dem Kopf. Der Sitte des Verbeugens sollten Sie erst folgen, wenn Sie das komplizierte Ritual verinnerlicht haben.

Tipp: Japaner legen Wert auf Distanz. Angemessen ist mindestens eine Armlänge, besser anderthalb. Näher kommen sie sich meistens bei feucht-fröhlichen Abendveranstaltungen. Berührungen werden generell als aufdringlich empfunden und vermieden.

Ihr Gegenüber wird sich mit Namen vorstellen und Ihnen seine Karte reichen. Auf ihr ist anders als im Westen der Familienname dem Vornamen vorangestellt. Deshalb kann es passieren, dass der Gesprächspartner Sie irrtümlicherweise mit Ihrem Vornamen »Heinrich san« anspricht.

»San« angehängt an den Familienname ist die japanische Alternative für »Frau Meyer« und »Herr Müller«. Bei der Selbstvorstellung lassen Sie »san« weg. Ist Englisch die Geschäftssprache, können Sie Mr oder Ms benutzen. Das Anreden mit Vornamen ist außerhalb von Familien- und Freundeskreis in Japan unüblich.

Kartenkunde

Visitenkarten symbolisieren in Asien Persönlichkeit. Sie werden respektvoll behandelt. Es macht einen guten Eindruck, die Karten aus einem Etui zu nehmen. Weder Mäppchen noch Karten sollten Sie aus der Gesäß- oder Hosentasche ziehen, weil Japaner dies unschicklich finden.
Oft sind meishi aufwendig gestaltet. Dies kann ein guter Aufhänger für den Small Talk sein, etwa, indem Sie die schöne Karte loben oder Ihren Gesprächspartner nach der Symbolik von Zeichen und Namen fragen.
Karten ungelesen wegzustecken ist ein Fauxpas.
Visitenkarten während eines Meetings wegzupacken, kann als Signal zum Aufbruch verstanden werden.

Land des Lächelns

Lächeln drückt unterschiedliche Emotionen aus: Das Spektrum reicht von Freude bis zu Ärger, Enttäuschung, Unbehagen und Trauer – also: lächeln in allen Lebenslagen. Es nicht zu tun, empfinden die Asiaten als extrem unfreundlich, streng und ablehnend.

All zu viel gegenseitiger Augenkontakt gilt als herausfordernd, das Senken des Blicks dagegen als höflich – vor allem im Umgang mit Höherstehenden.

Tipp: Zurückhaltung Fehlanzeige: In vollgepferchten Bussen und Bahnen ist von Zurückhaltung nichts mehr zu spüren – es wird munter gedrängelt und gerempelt.

Klare Worte? Eher nein

Geschäftliche Termine sollten Sie mit Rücksicht auf die zum Perfektionismus neigenden Japaner von langer Hand planen. Spontanes Umdisponieren löst Unbehagen aus und kann die Geschäftsbeziehung belasten. Umgekehrt steigt derjenige in ihrer Achtung, der perfekte Unterlagen vorlegt.

Pünktlichkeit ist ein Muss. Sicherheitshalber sollten Sie zu Meetings lieber ein paar Minuten zu früh auf der Matte stehen. Zu spät kommen werten Japaner als Charakterschwäche.

Die direkte Art der Deutschen stößt die Asiaten vor den Kopf, weil sie deren Harmoniebedürfnis stört. Sie sind gewöhnt, Aussagen zu verklausulieren. Statt der Aufforderung »Räumen Sie bitte Ihren Schreibtisch auf!« würde ein Chef eher formulieren: »Da heute wichtiger Besuch kommt und wir uns von unsere besten Seite zeigen wollen, wäre es vielleicht vorteilhaft, etwas Ordnung zu schaffen.« Der dezente Hinweis »Der Wagen wartet«, zeigt an, dass es Zeit ist zu gehen.

Diese Eigenart kann bei Gesprächen zu Trugschlüssen führen. Hai, hai – Ja, ja, signalisiert nicht unbedingt Zustimmung. Meistens zeigt es einfach an, dass der Gesprächspartner verstanden wurde. Vorsicht ist dennoch angesagt: Aus Höflichkeit würde ein Japaner wahrscheinlich nie zugeben, dass er Sie nicht verstanden hat. Sicherheitshalber sollten Sie wichtige Dinge schriftlich festhalten und einen Dolmetscher einbeziehen.

Die deutliche Ablehnung eines Vorschlags oder gar Kritik kämen einem Gesichtsverlust gleich und sind damit tabu. Stures Festhalten an einer Meinung schätzen Japaner nicht; sie ziehen sich höflich-freundlich zurück. Toleranz und Flexibilität führen meist besser zum Ziel.

Als »Gajin« – Mensch von außerhalb –- passen Sie sich mit leiser, zurückhaltender Stimme und längeren Pausen zwischen den Sätzen dem japanischen Sprechrhythmus an.

 Achtung: Schnäuzen ins Taschentuch zeugt in Japan von schlechten Manieren. Es darf geschnieft werden. Das Hochziehen ist in japanischen Augen ein Zeichen von Selbstbeherrschung. Zum Naseputzen sollten Sie einen ruhigen Platz oder das stille Örtchen aufsuchen.

Aufmerksamkeiten erhalten die Freundschaft

Japaner pflegen eine ausgeprägte Geschenkkultur. Präsente werden nicht nur zu Festen, sondern auch bei Geschäftsbesuchen rege ausgetauscht. Kleine Mitbringsel aus deutschen Souvenirläden und Süßigkeiten sind sehr begehrt. Decken Sie sich vor einer Reise großzügig mit kleinen Aufmerksamkeiten ein, damit Sie ganze Gruppen beglücken können. Das bringt Ihnen Sympathien.

Für den Austausch gibt es Grundregeln: Präsente werden immer schön verpackt meist gegen Ende eines Treffens überreicht. Traditionsbewusste Japaner legen ihre zunächst beiseite. Sie wollen das Gesicht wahren, falls das Päckchen eine unliebsame oder besonders freudige Überraschung birgt. Modern eingestellte Landsleute halten sich nicht mehr unbedingt an diese Sitte.

Tipp: Deutsche Märchen, Dichter, Volkslieder und klassische Musik sind in Japan, China und Korea sehr populär. Aus diesem Fundus lässt sich für Präsente gut schöpfen. Gern gesehen sind auch Erinnerungsfotos. Messer und Scheren symbolisieren Trennung. Als Gastgeschenke sind sie fehl Platz. Ebenso wie Uhren, die für Vergänglichkeit stehen.

Als Beschenkter können Sie höflich fragen, ob Sie Ihr Präsent öffnen dürfen. Sie schälen es dann vorsichtig aus der meist aufwendigen Verpackung.

Zum gegenseitigen Annahme-Ritual gehört das Sich zieren nach dem Motto »Das habe ich doch gar nicht verdient.«

Tipp: Um den Überblick zu behalten, wer was wann von Ihnen bekommen hat, ist es ratsam, über verteilte Geschenke Buch zu führen. Sie sollten auch notieren, wer Sie womit beglückt hat, um sich angemessen zu revanchieren.

Reis und Sushi

Wie in vielen anderen beziehungsorientierten Ländern spielen auch in Japan Geschäftsessen eine große Rolle. Als Gast werden Sie vermutlich gefragt, was Sie essen möchten. Mit der Antwort, dem Gastgeber die Wahl zu überlassen, liegen Sie richtig. Auch japanische »Mitesser« werden sich dessen Auswahl anschließen, um die Harmonie der Gruppe zu wahren.

Besteht das Essen aus Ihnen unbekannten Spezialitäten, bitten Sie Ihren Tischnachbarn um Hilfe und Erläuterung. Er wird Sie bestimmt gerne beraten. In typisch japanischen Restaurants werden die Speisen meistens gleichzeitig auf verschiedenen kleinen Tellern serviert. Mit den Stäbchen werden die Häppchen einzeln probiert. Die Reihenfolge ist egal. Die Reisschale kann mit der linken Hand zum Mund hochgehoben werden. Aus der Suppenschale wird mangels Löffel geschlürft, Einlagen werden mit den Stäbchen herausgefischt. Übrigens: In Korea ist das Anheben der Suppenschale verpönt.

Der Ranghöchste greift als erster zu und hebt den traditionell mit Tee oder heißem Reiswein gefüllten Trinkbecher. Dem Gast wird das Getränk eingeschenkt. Er revanchiert sich, indem er das Glas seines Nachbarn füllt. Wer nicht mehr mittrinken will, lässt einfach einen Rest im Glas. Das Hochheben des Glases signalisiert dem Service: Nachschub bitte. Unbedingt beachten: Trinksprüche müssen erwidert werden.

Die Rechnung bekommt fast automatisch der Einheimische. Er würde sie nie öffentlich prüfen oder gar weitergeben. Gezahlt wird an der Kasse. Wollen Sie für Speis und Trank aufkommen, sollten Sie darüber im Vorfeld den Service informieren. Die Kosten zu teilen, ist unüblich.

 Tipp: Verzichten Sie auf einen Tip. Trinkgeld zu geben ist in Japan nicht vorgesehen. Es wird als beleidigend aufgefasst.

Stäbchenlehre

Stecken Sie Stäbchen nie aufrecht in den Reis. Dies erinnert an ein Toten-
ritual, bei dem Verstorbenen auf diese Weise Reis angeboten wird. Mit den
eigenen Stäbchen sollte keinem anderen Essen weitergereicht werden,
weil in einem buddhistischen Ritual mit dieser Geste Knochen aus der
Asche Verstorbener an die Angehörigen überreicht werden.
Nichts mit Stäbchen aufspießen.
Benutzte Stäbchen werden auf dem bereitstehenden Bänkchen abgelegt,
nicht auf der Essschale oder dem Teller. Die Stäbchen werden nicht gekreuzt.
Das Esswerkzeug wird nicht zum Unterstreichen von Worten benutzt. Es
ersetzt auch keinen Zeigestock.

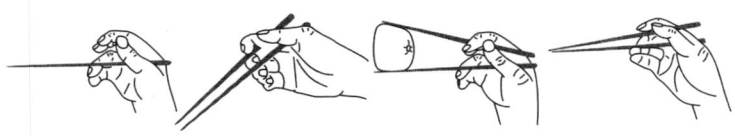

Ein Lied auf den Lippen

Karaoke ist in Fernost eine beliebte Beschäftigung nach Feierabend
und in der Freizeit. In Japan gehören diese geselligen Runden ebenfalls zum Alltag. Hier kommen sich Einheimische und Gäste näher.
Trinkrunden sind obligatorisch, denn die Asiaten möchten ihre Ge-
schäftpartner in solch ungezwungenen Stunden von der mensch-
lichen Seite kennenlernen.

Über das Business wird selten gesprochen, dafür wird umso lieber gesungen – Karaoke ist angesagt. Wird Ihnen das Mikrofon in
die Hand gedrückt, können Sie ein deutsches Volkslied zum Besten
geben – Japaner schätzen solche Weisen. Gegen internationale Hits
wird sicher auch niemand Einwände erheben.

Gesang und Gelage müssen Ihnen nicht peinlich sein. Vor allem
unter Geschäftsmännern wird diese Abendunterhaltung als normal
angesehen. Zugeknöpftes Verhalten könnten Japaner, Chinesen und
Koreaner für steif und verkrampft halten. Geschäftsfrauen singen
beim Karaoke natürlich mit. Sollte die Gesellschaft in eine Nachtbar
wechseln, kann frau sich zurückziehen.

Nobel, nobel

Japanische und chinesische Geschäftsleute sind in der Regel sehr markenbewusste Konsumenten. Teure Kleidung steht bei ihnen hoch im Kurs. Gut sitzende Anzüge in dunklen Farben kombiniert mit weißen Hemden und dezenten Krawatten sind ein Inbegriff von Seriosität. Dazu gehören hochwertige Accessoires wie Uhr, Gürtel, Aktentasche, Brieftasche, Visitenkartenetui und Schreibwerkzeug. Halten Sie mit und zeigen Sie dezent Ihre Statussymbole. Formvollendete Kleidung ist selbst im heißen Sommer erwünscht.

Von Frauen in gehobenen Positionen wird konservative Kleidung erwartet. Im Klartext: Hosenanzug oder Kostüm mit Bluse in unauffälligen Farben. Sie treten immer bestrumpft und mit eleganten, geschlossenen Schuhen auf. Ein Hosenanzug ist praktisch, weil in traditionellen Restaurants meistens auf dem Boden kniend gegessen wird.

Dos und Don'ts

Dos
- Vor einer Teezeremonie auf Parfüm verzichten.
- Großzügig bitte, danke und Entschuldigung sagen.
- Lieder für das Karaoke einstudieren.

Don'ts
- Offen widersprechen oder kritisieren.
- Menschen direkt in die Augen sehen.
- Unverpackte Geschenke überreichen.

Fußangeln

Auf internationalem Parkett sind schwarze Schnürschuhe für Herren immer passend. Für Damen gilt grundsätzlich: Die Farbe der Schuhe soll nicht heller sein als die von Rock oder Hose. In China, Japan und Indien gehört geschlossenes Schuhwerk zum seriösen Auftritt der Geschäftsleute. Deshalb sind Sandalen, Schlappen, Flip-Flops, Sling-Pumps oder Peep-toes nicht business-tauglich. Russen werten wie die meisten Asiaten Schuhe als Statussymbol. Sie beurteilen ausländische Geschäftspartner daher auch nach der Fußbekleidung. Sie sollte also immer topgepflegt sein, einschließlich der Absätze und Spitzen, um einen guten Eindruck zu machen.

Japaner ziehen beim Betreten einer Wohnung oder eines traditionellen Restaurants die Schuhe aus und schlüpfen in bereit stehende Schlappen. Diese Sitte hält auch in China Einzug und ist ebenfalls in Indien und Russland üblich. Der Straßendreck bleibt draußen, der Fußboden wird geschont. Stehen keine Pantoffel bereit, werden die Räume auf Socken betreten.

Für die Toilette gibt es in Japan spezielle Latschen Sie werden vor und nach dem Gang zum Örtchen gegen die Hausschlappen getauscht. Achten Sie unbedingt auf löcherfreie, saubere Strümpfe in dezenten Farben.»Luftige« Fußbekleidung lässt ihren Träger lächerlich erscheinen.

Tempel, Moscheen, Klöster und manche Gedenkstätten dürfen nur schuhlos betreten werden. Da die Orte selten dem westlichen Verständnis von Hygiene entsprechen, sind mitgebrachte »Tempelsocken« nützlich. Sie werden vor der Besichtigung einfach über das normal Fußkleid gestreift und später entsorgt. Auf Steinböden schützt das zweite Paar Socken vor kalten Füßen.

In moslemischen Ländern grenzt es an Beleidigung, jemandem die Sohlen zu zeigen. Deshalb sollten die Füße nicht gekreuzt und die Beine nicht übereinander geschlagen werden. Die Sohlen gehören fest auf den Böden. Achten Sie auch im Schneidersitz darauf, die Sohlen zu verbergen.

Volksrepublik China

Namen, Titel, Anreden

Die Volksrepublik China ist unglaublich vielseitig. Trotzdem existieren allgemeingültige Umgangsformen. Dazu gehört wie fast überall in Fernost der Aufbau enger persönlicher Kontakte zum potenziellen Geschäftspartner. Im Chinesischen existiert für dieses Beziehungsgeflecht das Wort Guanxi. Der enge persönliche Draht zueinander beeinflusst Geschäftsentscheidungen wesentlich stärker als sachliche Argumente.

Geschäftsanbahnung ist ein langwieriger Prozess. Mit der Tür ins Haus zu fallen, wäre aus chinesischer Sicht taktlos. Ein erster Schritt zu vertrauensvollen Kontakten führt über die Sprache: Ni hao, Guten Tag«, oder»Xie xie, Danke« sind ein Anfang.

Bei den Namen wird es mal wieder schwierig. So ist anhand des Vornamens nicht immer erkennbar, ob es sich um einen Mann oder eine Frau handelt. Zudem stehen die Familiennamen auf Visitenkarten und Teilnehmerlisten üblicherweise vorne. Um das Chaos perfekt zu machen, passen Chinesen zunehmend die Reihenfolge ihrer Namen westlichen Gepflogenheiten an – Vorname vorn, Familienname hinten oder wählen gleich einen meist englischen Vornamen: Suzy Wong.

Orientierungshilfe für arme verwirrte Ausländer: Chinesische Nachnamen sind meist einsilbig – He, Ma, Zhang. Als Gast werden Sie mit Visitenkarten überhäuft. Machen Sie sich Notizen, welche Sie wo von Mann oder Frau bekommen haben. Einfacher ist es mit den Anreden Herr oder Frau: Ma Nüshi ist Frau Ma, Ma Xiansheng ist Herr Ma. Nüshi und Xiansheng werden dem Namen nachgestellt.

Formvollendet

Als Experten des Zeremoniells und der Etikette legen die Menschen in China großen Wert auf korrekte Anreden. Es entspricht ihrem Bestreben, Ansehen und Hierarchie deutlich zu machen. Wer in einer Vorstellungsrunde zum Beispiel den Rang oder den Beruf eines Gesprächspartners oder Kollegen unerwähnt lässt, steht schon mitten drin im Fettnäpfchen. Der Titel folgt auf den Namen: Wong jingli, zu deutsch: Manager Wong, oder He zhu ren, Direktor He. Als Besucher folgen Sie am besten dieser für unsere Ohren ungewöhnliche klingenden Angewohnheit und präsentieren ihre Kollegen entsprechend: Ingenieur Müller, Abteilungsleiterin Meier. Mit kurzen Erläuterungen zu den Tätigkeiten erleichtern Sie den Chinesen, ihre Gegenüber einzuordnen.

Es hilft auch, in Präsentationen erst ausführlichst über die eigene Firma, deren Verdienste und über hohe Besuche zu reden, bevor das eigentliche Thema eher knapp am Ende aufs Tapet kommt. Chinesen beherrschen diese Kunst der Selbstdarstellung exzellent. Wenn Sie ihrem Beispiel folgen, sammeln Sie Punkte im Land der Mitte.

Die Begrüßung erfolgt formal. Zurückhaltende Gestik und Mimik sind gefragt. Statt eines Händedrucks verbeugen die Menschen sich meist. Im Umgang mit Westlern kann es passieren, dass noch ein sanftes Händeschütteln folgt. Als Gast sollten Sie nicht von sich aus die Hand geben. Die richtige Reihenfolge beim Begrüßungszeremoniell lautet wie im Westen Rang vor Alter.

Tipp: Beim Betreten eines Raums kann es passieren, dass Sie mit Applaus begrüßt werden. Klatschen Sie mit.

Gästebetreuung

Chinesen bieten und erwarten einen Rundum-Service. Sie gehen davon aus, dass sich ein Gast in ihrem Land nicht auskennt und Hilfe benötigt. Wundern Sie sich nicht, wenn Sie am Flughafen abgeholt werden und dann bis zur Abreise kaum eine Minute für sich alleine haben. Sie werden regelrecht organisiert – Meetings und Besichtigungstouren inklusive. Für Westler ist solche Höflichkeit sehr anstrengend, für Chinesen ist sie selbstverständlicher Ausdruck der Gastfreundschaft. Und sie erwarten, beim Gegenbesuch ebenso gehegt und gepflegt zu werden. Ein detaillierter Programmablauf ist empfehlenswert und wird Ihnen sicherlich vorab geschickt.

Wie in Japan sind Gastgeschenke gerne gesehen. Sie gelten aber einer Gruppe oder einem Firmenteam, nicht jedoch dem Einzelnen. Willkommen sind unter anderem Bildbände aus Deutschland, kleine technische Spielereien oder hochwertige Schreibgeräte.

Die Etikette verlangt vom Beschenkten, das Präsent zunächst mehrmals höflich abzulehnen. Bestehen Sie sanft, aber nachdrücklich auf Annahme. Ihr Päckchen wird erst geöffnet, wenn Sie gegangen sind. Wer sofort auspackt, würde gierig erscheinen. Trotzdem kann es passieren, dass der Beschenkte aus Rücksicht auf den westlichen Gast gleich auspackt.

Tipp: Achten Sie bei der Auswahl und dem Einpacken von Geschenken auf die Farbsymbolik (s. S. 145).

Im Sinne von Guanxi wollen Chinesen ihren Gesprächspartner persönlich einschätzen lernen. Sie werden Sie bei ersten Treffen wahrscheinlich intensiv »ausquetschen«: über Familie, Hobby, Sport, die wirtschaftlichen Lage ihrer Firma, Studium, Gehalt. Antworten Sie ehrlich, aber plaudern Sie keine Geheimnisse aus. Je mehr Sie zu bieten haben, desto höher Ihr Prestige.

Für den Small Talk eignen sich neutrale Themen wie Sport, die Weltausstellung 2010 in Schanghai, Essen, Kultur beider Länder, Wirtschaft, Mode, Marken. In der Volksrepublik China sind Tibet, Taiwan, Menschenrechte und Kritik an der Politik tabu.

Anderen Menschen ins Wort zu fallen und Flüstern sind in China dicke Fauxpas.

Private Einladungen haben nach wie vor Seltenheitswert. Lieber bewirten Chinesen ihre Gäste im Restaurant. Essen beginnen mittags meist zwischen 11:30 und 12 Uhr, abends zwischen 18 und 19 Uhr.

Sollte der Gastgeber keine Tischkärtchen aufgestellt haben, warten Sie, bis jemand Sie platziert. Dem Ehrengast gebührt der Platz rechts neben dem Gastgeber, dem zweiten Ehrengast der zu seiner Linken. Gastgeber und Ehrengäste sitzen mit dem Blick zu Tür.

Tipp: Pünktlichkeit wird in China hochgeschätzt. Deshalb besser früher als später zum Termin erscheinen.

Der Gastgeber legt dem wichtigsten Besucher die Speisen vor und eröffnet damit den Schmaus. Er kann auch einfach die Stäbchen hochheben und das Essen für eröffnet erklären. Auf den runden Tisch kommt fast alles was kreucht, fleucht und schwimmt, Reis ist obligatorisch. Probieren Sie möglichst von allem kleinere Mengen, denn es sind zahlreiche Gänge zu erwarten.

Erlaubt ist während des Essen, was in Deutschland von schlechter Kinderstube zeugt: Schlürfen, schmatzen, rülpsen, den Tisch bekleckern und Reste darauf verteilen.

Satt und genug

Lassen Sie zum Zeichen der Sättigung einen Rest in der Schale. Ansonsten wird Ihnen ständig nachgelegt.

Die Gläser werden immer wieder vollgeschenkt. Der Trinkspruch »Gan bei« bedeutet so viel wie »trockenes Glas« und das ist wörtlich gemeint: getrunken wird auf »ex«.

Wollen Sie auf Alkohol verzichten, fangen Sie erst gar nicht an mitzutrinken. Ein späterer Ausstieg wäre eine Blamage des Gastgebers. Denn ein Schwips ist durchaus gewollt; er hebt das Renommee des edlen Spenders. Ein Ausweg ist auch, ein volles Glas stehen zu lassen.

Als Gastgeber können Sie allzu heftigen Alkoholgenuss eingrenzen, indem Sie kleine Gläser auf den Tisch stellen lassen.

Auf jedes gefüllte Glas folgen ein Trinkspruch und Zuprosten. Heben Sie Ihr Glas nur so hoch wie Gastgeber und Tischnachbarn es tun.

Bier- und Weinflaschen werden gemeinsam geleert. Eine Flasche allein auszutrinken, wäre unhöflich.

Das Auftragen von Obst signalisiert das nahe Ende eines Festmahls. Anschließend machen die Gäste sich ohne großes Abschiedszeremoniell auf den Weg.

Der Gastgeber zahlt die Rechung oder lässt sie von einem Mitarbeiter diskret hinter den Kulissen begleichen. Das Angebot, aufzuteilen, wäre bei offiziellen Essen eine Beleidigung. Im Kollegen- und Freundeskreis entspinnt sich jedoch häufig ein rituelles Wetteifern um das Begleichen der Zeche. Gewonnen hat, wer zahlen darf. Beim nächsten Mal wird einem anderen Mitglied der Tafelrunde der Sieg überlassen. Unter jungen Leuten kommt es vor, dass die Rechnung zu gleichen Teilen gesplittet wird.

Als Gast eines Geschäftsessens werden Sie zur Tür begleitet. Sie verabschieden sich mit einigen Dankesworten und sprechen gleichzeitig eine Gegeneinladung aus.

Einem von ihrem Gastgeber geplanten Barbesuch können Sie nicht entgehen. Müdigkeit oder Schwips sind keine Entschuldigung.

Kleiderordnung

Mit konservativem Chic sind Sie in der chinesischen Geschäftswelt gut beraten. Herren tragen Anzug, helles Hemd und Schlips, Damen Kostüm oder Hosenanzug und zeigen wenig Haut. An heißen Sommertagen dürfen die Herren Jackett und Binder ablegen. Offene Schuhe sind für Herren wie Damen unpassend. Hingegen sind westliche Markenklamotten ein Statussymbol, das auch Chinesen gerne zur Schau stellen. Bei festlichen Veranstaltungen wird gezeigt, was der Schrank hergibt und ausgeplaudert, was das gute Stück gekostet hat.

Tipp: Wer viel im Land unterwegs ist, sollte seine Garderobe auf die unterschiedlichen Klimazonen abstimmen – vom dicken Pulli bis zum Polohemd könnte alles benötigt werden.

Dos and Don'ts

Dos
- Sich in Geduld üben.
- Auch exotische Speisen probieren.
- Land und Leute loben.

Don'ts
- Körperliche Berührungen.
- Niesen während des Essens.
- Als Besserwisser und Alleskönner auftreten.

Edith Diekmann, Jieyan Fang: China-Knigge. Business und interkulturelle Kommunikation mit soziologischem Hintergrund. München 2008.

Farbpalette

Andere Länder, andere Farben und jede hat ihre eigene Symbolkraft. Da treten Besucher schnell ins Fettnäpfchen und das mit Sorgfalt ausgewählte Präsent für den Geschäftsfreund landet im Abseits, weil es in unpassendes Papier gehüllt ist.

Gehen sie auf Nummer sicher: Lassen Sie im Land gekaufte Geschenke direkt im Laden einpacken, ziehen Sie einheimische Kollegen aus Ihrer Firma oder Hotelpersonal zurate.

Im Unterschied zum christlich geprägten Kulturkreis ist unschuldiges **Weiß** in Asien und dem Orient eine Farbe der Trauer und des Todes. In China wären zum Beispiel weiße Hosenanzüge bei heißem Wetter ebenso tabu wie weißes Geschenkpapier. In Japan sind weiße Blumen ein Symbol des Todes.

Schwarz hat zwei Seiten: Im Westen gewanden sich bestimmte Berufsgruppen wie Grafiker und Designer gern in dieser Farbe. Sie steht für Eleganz und Exklusivität, aber auch für Tod und Trauer. In der islamischen Welt ist Schwarz einerseits die Farbe der Hölle, andererseits bedeckt ein schwarzes Tuch die Kaaba in Mekka. Um Missverständnissen aus dem Weg zu gehen, sollten Sie keine rein schwarzen Business-Anzüge spazieren tragen.

Mit **Dunkelblau** sind Sie dagegen gut bedient. Es versinnbildlicht fast überall auf der Welt Seriosität. Umfragen zufolge assoziieren die Menschen bei Anblick von Blau Vertrauen, Verlässlichkeit, Harmonie. Außerdem gilt Blau als Farbe des Adels: »Blaublüter«.

Wenn Sie Chinesen beglücken wollen, dann beweisen Sie mit **Rot** ihre Kenntnis landestypischer Gepflogenheiten. Die Asiaten lieben Rot. Es bedeutet für sie seit Alters her Freude, Glück und Reichtum. Nicht nur zum Neujahrs- und Frühlingsfest, auch zur Geburt und zur Hochzeit gibt es rot verpackte Geschenke und Glückssymbole. Vorsicht bei roter Tinte: Damit signalisiert jemand, dass er eine Beziehung beenden will.

In Korea und Russland steht Rot außerdem für wertvoll und kostbar. Diese Zuweisung datiert wahrscheinlich aus der Antike, als der begehrte Farbstoff Purpur in mühevoller Sklavenarbeit aus Schnecken gewonnen wurde.

Gold bedeutet in vielen Ländern ebenfalls Wohlstand und Glück. Japaner bringen **Gelb** mit Würde in Verbindung, Chinesen auch mit Ehre. Im Islam ist **Grün** die Farbe des Propheten Mohammed und somit eindeutig religiös belegt.

Zahlenspielerei

Ebenso wie die Farben steckt auch hinter bestimmten Zahlen eine tiefe Symbolik, die Freude, Trauer oder Tod ausdrücken kann.

So kann in China die »Vier« auch Tod bedeuten. Ausgesprochen klingen die Worte ähnlich. Sie sollten deshalb nie etwas verschenken, was die Zahl enthält: weder vier Blumen noch irgendwelche Sets mit Stiften, Gläsern oder Pralinen. Bei Gesprächen, Einladungen und Veranstaltungen sollten Sie darauf achten, dass weder im Datum noch in der Uhrzeit und der Gästezahl eine Vier vorkommt.

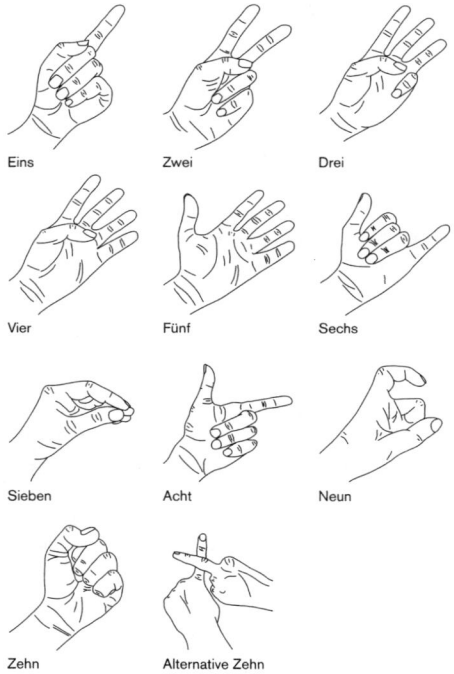

Eins   Zwei   Drei

Vier   Fünf   Sechs

Sieben   Acht   Neun

Zehn   Alternative Zehn

Eine gerade Zahl an Gästen steht für Harmonie – wenn es nicht gerade die Vier ist. Mit Acht fahren Sie am allerbesten: Sie steht für bevorstehenden Reichtum.

In Japan gilt die vier ebenfalls als Unglückszahl. Das gleiche gilt für die Neun. Sie kann für Leid stehen. Drei, fünf, sieben, und 13 sollen im Land der aufgehenden Sonne Glück bringen.

Letztere wird dagegen in den USA und in Europa mit Unglück in Verbindung gebracht. So gibt es in den USA keine 13. Etage, keine Hotelzimmer mit dieser Nummer, in der Formel 1 keine Startnummer 13.

In Südamerika und Spanien wird die Zwei nicht mit Daumen und Zeigefinger angezeigt, sondern aus ausgestrecktem Zeigefinger und Mittelfinger ein V geformt.

Indien

Indien ist ein Land mit großen Gegensätzen: Arm und reich begegnen sich auf engstem Raum. Um im neben China wachstumsstärksten Land Asiens erfolgreich zu sein, ist es hilfreich, sich vor einer Reise mit Unterschieden in Sachen Umgang miteinander vertraut zu machen.

Die Regeln fürs Geschäft sind kaum mit denen des Westens vergleichbar. Das beginnt schon bei der Vorstellung von Zeit: Warten (müssen) gehört in Indien zum Alltag. Ein, zwei Stunden sind normal – das Wort »Kal« steht für gestern, morgen, vorgestern, übermorgen.

Tipp: Überbrücken Sie die Wartezeit mit dem Erledigen von Papierkram, E-Mails lesen oder Ähnlichem. Bewahren Sie Geduld. Wer meckert, blamiert sich.

Die Zeit läuft nach hinduistischem Glauben nicht ab, sondern wiederholt sich wie der Kreislauf von Leben und Tod. Trotz des anderen Zeitverständnisses sollten Sie Termine mit indischen Gesprächspartnern immer pünktlich einhalten – und dem Ruf der zuverlässigen Deutschen entsprechen.

Die Swastika ist ein in Indien vielfach sichtbares Glückssymbol. Das Zeichen sieht dem nationalsozialistischen Hakenkreuz ähnlich. Für die Inder ist das Sonnenrad ein Symbol wiederkehrenden Lebens.

Namen, Titel, Anreden

Geschäftssprache in Indien ist Englisch. Zur Begrüßung reicht die Anrede mit »Hello« oder »Good morning« plus Mr Singh oder Ms Singh. Der übliche indische Gruß »Namaste«, was in etwa besagt »Ich grüße das Göttliche in Dir« bringt Ihnen Pluspunkte. Den guten Eindruck können Sie toppen, wenn Sie dazu noch Ihre Fingerspitzen unter dem Kinn zusammenführen und den Kopf leicht neigen. Diese Geste empfiehlt sich vor allem einer Frau gegenüber, wenn sie Ihnen nicht von sich aus die Hand reicht. Ansonsten ist ein leichter Handschlag zur Begrüßung üblich.

Titelträger werden wie in Deutschland mit »Hallo, Professor Singh« angesprochen.

Inder schätzen persönliche Kontakte. Zeigen Sie deshalb Interesse an Ihren Geschäftspartnern und erzählen Sie ihnen auch etwas über sich. Als »Türöffner« eignen sich zum Beispiel Familienfotos. Die Familie hat in Indien einen hohen Stellenwert und bietet immer reichlich Gesprächsstoff. Später helfen unter anderem Grüße zu Feier- und Festtagen, die Kontakte zu hegen und zu pflegen.

Tipp: Um einen Kontakt anzubahnen sind Partner hilfreich, die Sie einführen können.

Ja? Nein? Oder was?

Wie die meisten Asiaten sind Inder Meister der indirekten Sprache. Sie werden nie offen kritisieren, sondern eher loben: »Das ist schön. Bitte optimieren Sie das Schreiben noch etwas.« Ein »Nein« kommt ihnen ebenfalls nicht über die Lippen. Stattdessen reden sie um den heißen Brei herum. Für Sie heißt dies: Streichen Sie »Nein« aus Ihrem Wortschatz und ziehen Sie sich mit wohlwollend klingenden Ausreden wie »Das könnte schwierig werden.« oder »Wir werden unser Möglichstes tun.« geschickt aus der Affäre.

Ein »Ja« kann vertrackt sein. Es muss nicht Zustimmung signalisieren, sondern kann – zögernd ausgesprochen – »Nein« heißen. Sollte Ihr Gesprächspartner auf die Idee kommen, einen angebotenen Tee abzulehnen, ist das eher eine Geste der Höflichkeit. Etwas sofort anzunehmen, gilt als gierig und schlecht erzogen. Bieten Sie das Getränk ein zweites Mal an. Sollten Sie Speis und Trank offeriert bekommen, lehnen auch Sie pro forma in der ersten Runde freundlich ab.

> **Tipp:** Alkoholische Getränke sind in manchen Kasten und bei moslemisch gläubigen Indern verpönt. Wasser und Tee sollten immer im Angebot sein.

Links geht nicht

In Indien gibt es eine Vielzahl an Essgewohnheiten. Gemeinsam ist fast allen Einheimischen, dass sie weitgehend auf Besteck verzichten. Gegessen wird vorwiegend mit der Hand. Das beliebte Naan-Brot dient ebenfalls als »Ess-Werkzeug«, um Reis, Soße und Gemüse in den Mund zu befördern. Zum Essen wird die rechte Hand benutzt, weil die linke als unrein gilt. Zu Geschäftsessen in Restaurants und Hotels wird aber auch Besteck eingedeckt, zu dem Sie ohne Gesichtsverlust greifen können.

Von schlechten Tischmanieren zeugt Naseputzen. Wem die Nase läuft, kann sie abtupfen.

Wenn Sie in den Gastgeberrolle schlüpfen, denken Sie bei der Menüwahl daran, dass viele Inder Vegetarier sind. Manche Hindus verzichten zumindest auf den Genuss von Rindfleisch, weil ihnen Kühe heilig sind. Moslems wiederum werden kein Schweinefleisch essen.

Einladungen zum Essen gehören zum guten Ton unter Geschäftsleuten. Nehmen Sie an und antworten Sie im Sinne einer guten Kontaktpflege mit einer Gegeneinladung. Es kann vorkommen, dass Männer und Frauen getrennt essen.

> **Tipp:** Bei der Auswahl von Gastgeschenken sollten Sie die religiösen Gefühle berücksichtigen. Präsente aus oder mit Rindleder werden Hindus als unpassend empfinden.
> In einigen Tempeln müssen Besucher vor der Besichtigung Kleidungsstücke aus Leder, zum Beispiel Gürtel, Jacken, Taschen, ablegen. Schuhe werden generell ausgezogen.

Gut angezogen

Indische Männer tragen oft lediglich Hemd und Hose. Das hindert sie aber nicht daran, von ausländischen Geschäftspartnern korrekte Business-Kleidung zu erwarten: Anzug, Hemd, Krawatte. Im Sommer ist das Jackett verzichtbar. In klima-tiefgekühlten Räumen tut es jedoch gute Dienste.

Frauen machen im Hosenanzug und im Kostüm eine gute Figur, die sie jedoch nicht betonen sollten. Tiefes Dekolletee und nacktes Bein sind verpönt. Weder Mann noch Frau sollten viel Haut zeigen: Shorts lassen ihre Träger in indischen Augen lächerlich erscheinen.

Dos and Don'ts

Dos
- Geduld und Nerven bewahren.
- Familien- und Kinderfotos im Gepäck haben.
- Umgehängte Blumenkränze abnehmen und in der Hand halten.

Don'ts
- Politisches wie den Kaschmirkonflikt ansprechen.
- Den Kopf eines Menschen berühren.
- Jemanden nach seiner Kastenzugehörigkeit fragen.

Moslemische geprägte Regionen

Die arabischen Staaten gehören zu den wichtigsten Handelspartnern Deutschlands. Das Geschäftsleben ist in diesen Ländern wesentlich mitbestimmt vom Koran. Aus ihm leiten sich auch Verhaltensregeln ab, die die Zusammenarbeit beeinflussen.

Namen, Titel, Anreden

In Arabien achten die Menschen das Zeremonielle und legen Wert auf formelle Anreden. Status und Hierarchie spielen eine große

Rolle. In der Regel sprechen sich englischsprachige Geschäftspartner und Kollegen mit Tagesgruß, Vornamen und Mr an: Good Morning, Mr Ahmed. Zur offiziellen Begrüßung gehören Titel wie Dr. Ahmed oder Shaik Mohamed und – unter Männern – ein Handschlag sowie ein Blick in die Augen. Das im Fernsehen oft gezeigte Politiker-Begrüßungsritual mit Wangenkuss, Hand auf die Schulter legen oder Umarmen wird im Business eher selten praktiziert.

Begrüßt wird wie in Deutschland zuerst der Gastgeber. Im größeren Kreis kommt dann der Älteste an die Reihe, danach folgen die anderen Teilnehmer oder Delegationsmitglieder. Ihre Visitenkarte überreichen Sie mit der rechten Hand und nehmen andere Karten auch so entgegen.

Sollten arabische Geschäftspartner Sie als Frau in Gesprächsrunden außen vor lassen, ist das eher ein Zeichen der Ehrerbietung denn der Ignoranz.

Eine Frau entscheidet, ob sie einem Mann die Hand reicht oder nicht. Verzichtet sie darauf, genügt zur Begrüßung ein Kopfnicken. Generell sollten Männer Frauen nicht lange ansehen, sonst kommen beide möglicherweise in Schwierigkeiten.

Tipp: Achten Sie bei Treffen auf Gleichrangigkeit: Manager zu Manager, Geschäftsführer zu Geschäftsführer. Ein Zusammenkommen mit rangniederen Partnern kann als Beleidigung verstanden werden.

Geben und Nehmen

Gastfreundschaft wird in arabischen Staaten groß geschrieben. Zu jedem Treffen werden die Gäste bewirtet: Tee, Wasser Saft, Kaffee werden immer gereicht, manchmal auch Gebäck. Die Gastgeber werden Ihnen die Erfrischungen mehrfach anbieten, denn es gehört zum guten Ton, das erste Angebot freundlich abzulehnen. Bei Tisch ist auch erst einmal Zurückhaltung angesagt: Als Gast werden Sie aufgefordert als Erster zuzugreifen. Wenn Sie jedoch ihren Appetit zügeln, bis der Gastgeber mitisst, zeigen Sie Ihr Vertrautsein mit den Tischsitten.

Der Gastgeber wird Sie immer wieder zum Essen ermuntern – sind Sie Gastgeber wird dies von Ihnen ebenfalls erwartet. Tun Sie es nicht, gehen Ihre Gäste mit leerem Magen nach Hause. In der Rolle des Gastes zieren Sie sich anstandshalber ein wenig beim Zugreifen. Wenn Sie wirklich satt sind, lehnen Sie dreimal ab und lassen einen Rest auf dem Teller liegen. Leere Teller und Tassen würden Hunger und Durst bedeuten – es wird weiter nachgelegt und nachgeschenkt.

Häufig wird mit der Hand gegessen. Benutzen Sie nur die reine rechte, denn die linke gilt in islamischen Regionen als unrein. Brot kann ebenfalls Messer und Gabel ersetzen.

Ein Kaffee beendet das Essen. Machen Sie sich auf den Weg ins Hotel oder zur nächsten Verabredung. Beachten Sie: Die Einladung zu bleiben ist reine Formalie. Nicht jedoch die Gegeneinladung. Sie wird von Ihnen erwartet.

Zur Pflege der Geschäftsbeziehungen gehören auch kleine Aufmerksamkeiten. Mit schön verpackten Präsenten mit Bezug zu Deutschland liegen Sie in der Regel richtig. Alkohol ist tabu. Die Gabe überreichen Sie mit der rechten Hand. Üblicherweise wird der Bedachte das Geschenk erst öffnen, wenn Sie bereits gegangen sind. So vermeidet Ihr Geschäftspartner in Verlegenheit zu geraten, falls das Päckchen ihm nicht gefällt.

Zum Geben und Nehmen gehört auch, sich gegenseitig um einen Gefallen zu bitten. Einen solchen Wunsch direkt abzulehnen, gilt als extrem unhöflich. Falls Sie trotzdem Nein sagen wollen oder müssen, umschreiben Sie es: »Wir werden es versuchen.« Ihre Gastgeber werden es ähnlich halten: »Ja« kann »Vielleicht« bedeuten, »Vielleicht« als »Nein« interpretiert werden. Klartext zu reden gilt als ungebildet.

Dresscode

Korrekte Kleidung ist das A und O des Auftritts in arabischen Ländern. Die Menschen dort halten nachlässig gekleidete Mitmenschen für ungebildet und nehmen sie nicht ernst. Deshalb sollten Sie für eine Reise oder einen Geschäftstermin in Arabien auf jeden

Fall auf eine hohe Qualität der Garderobe und ein gepflegtes Äußeres achten. Männer tragen Anzug und Krawatte, auch wenn es draußen noch so heiß sein sollte. Kurze Hosen und kurzärmelige Hemden sind deplatziert. Frauen wählen Hosenanzug oder ein Kostüm, dessen Rock das Knie bedeckt. Strumpfhose und geschlossene Schuhe sind ein Muss. Schlitze, bloße Schultern, Mini-Röcke oder Dekolletés verletzten die Gefühle der Moslems und gelten als anstößig. Sicherheitshalber sollten Frauen ein Kopftuch einpacken, um im Bedarfsfall ihre Haare zu verdecken.

Tipp: Während des Fastenmonats Ramadan kommt das öffentliche Leben in moslemisch geprägten Ländern, darunter auch Indonesien, fast zum Erliegen. Denken Sie bei der Planung von Geschäfts- und Urlaubsreisen daran.

Kai Oppel: Business Knigge international. Ein ausführlicher Schnellkurs quer über die Kontinente.

Dos and Don'ts

Dos
- Auf Alkohol verzichten.
- In Moscheen und Privatwohnungen Schuhe auszuziehen.
- In Verhandlungen feilschen.

Don'ts
- Über Religionen sprechen.
- Frauen Komplimente machen oder berühren.
- Naseputzen und Niesen in der Öffentlichkeit.

Alles klar? – Quiz

Wie melden sich Briten privat am Telefon?

☐ Mit Vor- und Nachnamen.
☐ Pronto.
☐ Mit der Telefonnummer.

Welche Farbe gilt in den meisten asiatischen Ländern als Glücksfarbe?

☐ Schwarz.
☐ Rot.
☐ Blau.

Was müssen Sie beim Betreten einer Wohnung in Japan beachten?

☐ Schuhe ausziehen.
☐ Hut abnehmen.
☐ Mantel ablegen.

Wie rufen Sie in Russland einen Kellner?

☐ Garcon.
☐ Ofiziant.
☐ Waiter.

Wo liegt in den USA die linke Hand, wenn nur mit der Gabel gegessen wird?

☐ Links neben dem Teller.
☐ Auf dem linken Oberschenkel.
☐ Auf der Stuhllehne.

Mit welchen Speisen liegen Sie in Indien meistens richtig?

☐ Mit Vegetarischem wie Gemüse und Reis.
☐ Mit Schweinefleisch.
☐ Mit Rindersteak.

Welche Kleidungsstücke können bei Reisen in moslemische Länder zu Hause bleiben?

☐ Shorts.
☐ Minirock.
☐ Kopftuch.

Die Autorinnen

Lis Droste, Jg. 1951, Etikette-Trainerin. Während ihrer Tätigkeit in der Hotel- und Touristikbranche sammelte sie viele internationale Erfahrungen. Seit 1990 hält sie Seminare und Vorträge über Umgangsformen, Tischsitten und Image in Deutsch und Englisch. Sie schreibt für Zeitungen und Zeitschriften und ist häufig zu Gast in TV- und Radiosendungen. Sie ist Vorstandsmitglied der Gastronomischen Akademie Deutschlands e.V., im Verein zur Förderung der Tafelkultur sowie Präsidentin international von ETI (Etikette Trainer International). Homepage: www.lisdroste.de

Monika Hillemacher, Jg. 1960, Journalistin und Kommunikationsberaterin für Unternehmen, Institutionen und Selbstständige. Ihre Schwerpunkte sind Wirtschafts- und Finanzthemen. Zuvor war sie lange Zeit in der Öffentlichkeitsarbeit eines Konzerns tätig. Mit Umgangsformen und deren Wirkung, vor allem im geschäftlichen Umfeld, beschäftigt sie sich seit vielen Jahren. Darüber hinaus schreibt sie Beiträge in unterschiedlichen Zeitungen und Zeitschriften. Homepage: www.textkomm.de

Literaturverzeichnis

Brillat-Savarin, Jean-Anthelme: Physiologie des Geschmacks oder Betrachtungen über das höhere Tafelvergnügen. Ausgewählt, übersetzt und eingeleitet von Emil Ludwig. Frankfurt a.m./Leipzig 1998.

Commer, Heinz/Günther, Lydia: Erfolgsgeheimnis Etikette. Einladungen beruflich und privat. Berlin 2000.

Diekmann, Edith/Fang, Jieyan: China Knigge. Business und Interkulturelle Kommunikation. München 2008.

Droste, Lis: Stil und Etikette. Ratgeber für zeitgemäße Umgangsformen. Frankfurt a.M. 2007.

Finck von Finckenstein, Theodor Graf (verstorben), Ricarda Redecker: Protokollarischer Ratgeber. Sicherheit bei persönlichen Anschriften und Anreden im öffentlichen Leben. Köln [4]2005.

Fircks, Alexander Freiherr von: Veranstaltungen perfekt organisieren. Ein Handbuch für offizielle und private Anlässe. Berlin 1999.

Haller, Andy: SMS-Messages. Niedernhausen 2000.

Homolka, Anita: Zück die Finger und iß. Ein Streifzug durch die Geschichte der Tischsitten von den alten Ägyptern bis heute. Frankfurt a.m. 1989.

Klein, Hans-Michael: Cross Culture. Benimm im Ausland: Internationale Businessetiktte, Länderbesonderheiten. Berlin 2004.

Knigge, Adolph Freiherr von: Über den Umgang mit Menschen. Frankfurt a.M. 2001.

Mitchell, Charles: Interkulturelle Kompetenz im Auslandsgeschäft entwickeln und einsetzen. Aus dem Englischen von Jürgen Ulrich Lorenz. Köln 2000.

Oppel, Kai: Business Knigge international. Der Schnellkurs. München [2]2008.

Pini, Udo: Das Gourmethandbuch. Köln 2007.

Resnick, Jane: Internationaler Zigarrenführer. Die Kunst genussvollen Rauchens. Köln 1997.

Rupprecht-Stroell, Birgit: Auslandsknigge. München 2002.

Uhl, Gerhart/Uhl-Vetter, Elke: Business-Etikette in Europa. Stilsicher auftreten, Umgangsformen beherrschen. Wiesbaden 2007.

VNR, Verlag für die deutsche Wirtschaft: Der große Knigge. Loseblattsammlung. Bonn.

Bildnachweis

Zeichnungen

Elvira Schmidt, Frankfurt a.M.: S. 20, 21, 25, 27, 30, 33, 39, 41, 43, 45, 55, 59, 67, 77, 80, 83, 94, 109, 115.

Ulrike Rath, Aachen: S. 119, 123, 126, 132, 140, 147.

Aus: Diekmann, Edith/Fang, Jieyan: China Knigge. Business und Interkulturelle Kommunikation. Beck-Wirtschaftsratgeber im dtv. München 2008: S. 137, 146.

Fotos

Stefan Wildhirt, Offenbach: S. 19, 22, 28, 57, 76, 91, 93, 102, 110.